Anthony Giddens

The Consequences of Modernity

现代性的后果

修订版

［英国］安东尼·吉登斯 著

田禾 译 黄平 校

译林出版社

图书在版编目（CIP）数据

现代性的后果：修订版／（英）安东尼·吉登斯（Anthony Giddens）著；田禾译．—南京：译林出版社，2022.4（2022.11重印）
（人文与社会译丛／刘东主编）
书名原文：The Consequences of Modernity
ISBN 978-7-5447-8846-5

Ⅰ.①现…　Ⅱ.①安…　②田…　Ⅲ.①现代化－社会问题－研究－世界　Ⅳ.①D588

中国版本图书馆CIP数据核字（2021）第197995号

Translated from *The Consequences of Modernity* by Anthony Giddens
ISBN: 9780745607931
First published in the United Kingdom 1990 by Polity Press
This edition is published by arrangement with Polity Press Ltd., Cambridge

著作权合同登记号：10-2019-073号

现代性的后果：修订版［英国］安东尼·吉登斯／著　田　禾／译　黄　平／校

责任编辑　陶泽慧
装帧设计　彭振威
校　　对　张海龙　王　敏　蒋　燕
责任印制　单　莉

原文出版　Polity Press, 1990
出版发行　译林出版社
地　　址　南京市湖南路1号A楼
邮　　箱　yilin@yilin.com
网　　址　www.yilin.com
市场热线　025-86633278
排　　版　南京展望文化发展有限公司
印　　刷　南京新世纪联盟印务有限公司
开　　本　880毫米×1230毫米　1/32
印　　张　7
插　　页　4
版　　次　2022年4月第1版
印　　次　2022年11月第2次印刷
书　　号　ISBN 978-7-5447-8846-5
定　　价　58.00元

主编的话

刘　东

总算不负几年来的苦心——该为这套书写篇短序了。

此项翻译工程的缘起，先要追溯到自己内心的某些变化。虽说越来越惯于乡间的生活，每天只打一两通电话，但这种离群索居并不意味着，我已修炼到了出家遁世的地步。毋宁说，坚守沉默少语的状态，倒是为了咬定问题不放，而且在当下的世道中，若还有哪路学说能引我出神，就不能只是玄妙得叫人着魔，还要有助于思入所属的社群。如此嘈嘈切切鼓荡难平的心气，或不免受了世事的恶刺激，不过也恰是这道底线，帮我部分摆脱了中西"精神分裂症"——至少我可以倚仗着中国文化的本根，去参验外缘的社会学说了，既然儒学作为一种本真的心向，正是要从对现世生活的终极肯定出发，把人间问题当成全部灵感的源头。

不宁唯是，这种从人文思入社会的诉求，还同国际学界的发展不期相合。擅长把捉非确定性问题的哲学，看来有点走出自我囿闭的低潮，而这又跟它把焦点对准了社会不无关系。现行通则的加速崩解和相互证伪，使得就算今后仍有普适的基准可言，也要有待于更加透辟的思力，正是在文明的此一根基处，批判的事业又有了用武之地。由此就决定了，尽管同在关注世俗的事务与规则，但跟既定框架内的策论不同，真正体现出人文关怀的社会学说，绝不会是医头医脚式的小修小补，而必须以激进亢奋的姿态，去怀疑、颠覆和重估全部的价值预设。有意思的是，也许再没有哪个时代，会有这么多书生想要焕发制度智慧，这既凸显了文明的深层危机，又表达了超越的不竭潜力。

于是自然就想到翻译——把这些制度智慧引进汉语世界来。需要说明的是，尽管此类翻译向称严肃的学业，无论编者、译者还是读者，都会因其理论色彩和语言风格而备尝艰涩，但该工程却绝非寻常意义上的“纯学术”。此中辩谈的话题和学理，将会贴近我们的伦常日用，渗入我们的表象世界，改铸我们的公民文化，根本不容任何学院人垄断。同样，尽管这些选题大多分量厚重，且多为国外学府指定的必读书，也不必将其标榜为“新经典”。此类方生方成的思想实验，仍要应付尖刻的批判围攻，保持着知识创化时的紧张度，尚没有资格被当成享受保护的“老残遗产”。所以说白了：除非来此对话者早已功力尽失，这里就只有激活思想的马刺。

主持此类工程之烦难，足以让任何聪明人望而却步，大约也惟有愚钝如我者，才会在十年苦熬之余再作冯妇。然则晨钟暮鼓黄卷青灯中，毕竟尚有历代的高僧暗中相伴，他们和我声应气求，不甘心被宿命贬低为人类的亚种，遂把迻译工作当成了日常功课，要以艰难的咀嚼咬穿文化的篱笆。师法着这些先烈，当初酝酿这套丛书时，我曾在哈佛费正清中心放胆讲道："在作者、编者和读者间初步形成的这种'良性循环'景象，作为整个社会多元分化进程的缩影，偏巧正跟我们的国运连在一起，如果我们至少眼下尚无理由否认，今后中国历史的主要变因之一，仍然在于大陆知识阶层的一念之中，那么我们就总还有权想象，在孔老夫子的故乡，中华民族其实就靠这么写着读着，而默默修持着自己的心念，而默默挑战着自身的极限！"惟愿认同此道者日众，则华夏一族虽历经劫难，终不致因我辈而沦为文化小国。

一九九九年六月于京郊溪翁庄

写在前面

本书基本上采用了长篇论文的形式。我把它分成几个部分,而不是正式的章节,目的是以一种不间断的方式来推进本书的论证。本书表达的观点与我此前的著作直接相关,我也经常在书中援引这些著作。我希望读者能够理解并谅解这般频繁的自我援引,这并非出于傲慢,而是希望借助它们,为无法在如此简短的作品中予以详尽辩护的主张提供支撑。本书脱胎于我于 1988 年 4 月在加州斯坦福大学发表的“雷蒙德·弗雷德·韦斯特纪念讲座”。我非常感谢当时斯坦福大学的东道主,他们的款待令我宾至如归。我还要特别感谢斯坦福大学出版社的格兰特·巴恩斯,在我受邀发表这一系列讲座的事宜上,他起到了关键性的作用。没有他,这部作品就不会存在。

如果现在已是世界的最后一夜，那将会怎样？

——约翰·多恩：《紧急关头的祈祷》

想象的时间与空间里的方位并无差异。如果一个人能朝北走，他也能转身掉头向南走；同样，一个人如果能在想象的时间中向前走，也就应该能够回头向后退。这意味着，在想象的时间中，向前和向后之间是没有重大差别的。但是，当一个人注视着“真实的”时间时，正如人所共知的，向前和向后却存在着巨大的差别。过去和未来之间的这种差别来自何方？为什么我们能记住过去却不能记住将来？

——斯蒂芬·W. 霍金：《时间简史》

1986年3月,英文版《苏联生活》以《绝对安全》为题,登载了一篇长达九页的关于切尔诺贝利核装置的文章。仅仅一个月之后,即在4月26日至27日这个周末期间,在我们这个星球上便发生了迄今为止最为严重的核事故。

——詹姆斯·贝里尼:《高新技术大屠杀》

当我们发现存在着多种而不是一种文化,并且因此承认某种类型的文化垄断——不论这种文化垄断是虚幻的还是真实的——将要结束时,我们会为自己的发现所带来的幻灭而感到恐慌。猛然间,我们意识到世上只存在着他者,而且我们自己也只是众多“他者”中的一个而已。这时,所有的意义和目的都消失了,漫游各种文明就像穿越遗迹和废墟一样成为可能。整个人类成了一座想象的博物馆:这个周末我们可以去哪里?去参观吴哥窟的废墟,还是到哥本哈根的蒂沃利公园闲逛?

——保罗·利科:《文明与民族文化》,载《历史与真理》

目　录

第一部分

导　言…… 001
现代性的断裂…… 004
安全与危险，信任与风险…… 007
社会学与现代性…… 011
现代性、时间与空间…… 019
脱　嵌…… 023
信　任…… 033
现代性的自反性…… 041
现代性，还是后现代性？…… 051
本部分概要…… 060

第二部分

现代性的制度性维度…………………………………………… 063
现代性的全球化特性…………………………………………… 072
两种理论视角………………………………………………… 074
全球化的诸维度……………………………………………… 078

第三部分

信任与现代性………………………………………………… 088
对抽象体系的信任……………………………………………… 092
信任与专业知识……………………………………………… 098
信任与本体性安全……………………………………………… 102
前现代与现代………………………………………………… 111

第四部分

抽象体系与亲密关系的变革……………………………………… 125
信任与个人关系……………………………………………… 127
信任与个人认同……………………………………………… 133
现代世界中的风险与危险………………………………………… 139
风险与本体性安全……………………………………………… 146
适应性反应…………………………………………………… 151
现代性的现象学……………………………………………… 154

日常生活中的去技能化与再技能化 …………………… 161
对后现代性的异议…………………………………… 167

第五部分

驾驭主宰之车………………………………………… 169
乌托邦现实主义……………………………………… 172
未来导向：社会运动的作用 ………………………… 177
后现代性……………………………………………… 181

第六部分

现代性是一项西方工程吗？ ………………………… 193
结论性评述…………………………………………… 195

第一部分

导　言

在本书中，我将带着文化与认识论研究的笔调，对现代性做出一种制度性的分析。这种研究路径与目前的大多数讨论具有实质性的区别，因为那些讨论将这些侧重点都倒置了。何为现代性？首先，我们不妨大致简要地说：现代性指一种社会生活或组织模式，大约于17世纪出现在欧洲，并且在后来的岁月里，程度不同地在世界范围内产生着影响。这一定义只是将现代性与一个特定的时间段和一个最初的地理位置联系起来，但是就目前而言，它的主要特性仍然在黑匣子之中藏而不露。

在20世纪晚期的今天*，许多人都认为，我们正身处新时

* 本书写作于20世纪80年代末，出版于1990年。——译注

代的开端，社会科学必须对这个新时代做出自己的回应，而这个新时代本身正引导我们超越现代性本身。人们就此提出了种类令人目眩的术语，以此指称这种转变，某些种类的术语（如“信息社会”或“消费社会”）以正面的姿态指代一种新的社会体系正在出现，但是大多数社会学术语，诸如“后现代性”“后现代主义”“后工业社会”“后资本主义”等等，更确切地说实际上是在表明一种先前存在的事态即将走向终结。有关这些现象的部分讨论主要集中在制度变革（institutional transformation）上，特别是那些认为我们正在从以物质产品生产基础上的社会体系向主要与信息相关的社会体系转变的讨论，便是如此。然而，一般而言，大部分争论基本上关注的是哲学和认识论的问题。比方说，这正是利奥塔的典型观点，后现代性的概念如此流行主要就归功于他。① 按照他的说法，后现代性意指一种背离，不仅背离了以由人类设计的进步为基础的认识论，也背离了对于这种进步的信念。由于“宏大叙事”（借助于贯穿始终的“故事主线”，使我们置身在具有确定的过去和可预见的未来的历史之中）的消逝，后现代性的状态才得以确立下来。后现代视角看到了对于知识的多元异质主张，科学在其中不享有特权地位。

对利奥塔表述的这类观点，一种标准回应是试图表明，一种

① 让-弗朗索瓦·利奥塔：《后现代状态》（Jean-Francois Lyotard, *The Post-Modern Condition*, Minneapolis: University of Minnesota Press, 1985）。

连贯的认识论是可能存在的,并且关于社会生活和社会发展模式的普遍性知识是可以获得的。[①] 但是,本书将采取的是另一种路径。我将说明,当我们认为关于社会组织的系统性知识不可能被获取时,我们借此表达的迷惘主要是源于这样一种我们中的许多人都拥有的感受:我们无法完全理解我们身处其中的这个事件世界,而且这个世界基本上处在我们的控制之外。为了分析这种状况是怎样形成的,仅仅发明一些诸如后现代性的新术语是不够的。相反,我们必须重新审视现代性本身的特征。而到目前为止,由于这样或那样的具体原因,在整个社会科学中,人们对现代性的理解仍然极为肤浅。与其说我们正迈进一个所谓的后现代性时期,不如说我们正在进入这样一个阶段,在其中现代性的后果比从前任何一个时期都更加激进化、更加普遍化了。超越现代性之后,我以为,我们将能够观察到一种崭新的不同于过去的秩序轮廓,这就是"后现代的"(post-modern),但它与目前许多人所说的"后现代性"(post-modernity)大相径庭。

我在本书中提出的论点,缘起于我在其他地方称作的对现代社会发展的"断裂论"(discontinuist)的解释。[②] 我所说的断

① 于尔根·哈贝马斯:《现代性的哲学话语》(Jürgen Habermas, *The Philosophical Discourse of Modernity*, Cambridge, Eng.: Polity, 1987)。
② 安东尼·吉登斯:《民族国家与暴力》(Anthony Giddens, *The Nation-State and Violence*, Cambridge, Eng.: Polity, 1985)。

裂，是指现代的社会制度在某些方面是独一无二的，其在形式上异于所有类型的传统秩序。我认为，理解断裂所包含的性质，是我们分析现代性究竟是什么，并诊断它在当下对我们产生的种种后果的必不可少的前提。

由于社会学是与现代社会生活研究最密切相关的学科，我的研究方法也需要对在社会学中占主导地位的立场做扼要的批判性探讨。考虑到这些关于现代性和后现代性的讨论的文化和认识论取向，它们基本上没有正视存在于主流社会学立场中的诸多缺陷。然而，由于我对这一问题的探讨主要是一种制度性分析的阐释，因此我就必须正视它们。

以上述这些观察作为跳板，我将在本书的大多数篇幅中，对现代性的性质，以及可能会出现在本时代彼岸的后现代秩序的性质，做出令人耳目一新的描述。

现代性的断裂

对于人类历史以“断裂”为标志性特征，以及不存在一帆风顺的发展路径的论点，我们自然是非常熟悉的，马克思主义的大部分版本也都曾经强调过这一点。然而，我使用“断裂”这个术语同历史唯物主义并没有什么特别的联系，我的观点也并不试图将人类历史描述成一个整体。毫无疑问，历史发展的很多阶段都存在着断裂——例如,在从部落社会向农业国家过渡的转折点上,就存在断裂的情形。然而我关心的不是这类情形。我特别要强调的是与现代时期有关的那一种(或那一组)特殊断裂。

现代性所引入的生活模式,以前所未有的方式使我们脱离了所有类型的传统社会秩序。在外延和内涵两方面,现代性所包含的变革比过往时代的绝大多数变迁都更加意义深远。在外延方面,它们确立了跨越全球的社会交互联系方式;在内涵方面,它们已然改变了我们日常生活中最亲密和最私人化的领域。传统和现代之间显然还存在着延续性,两者都不是凭空虚构出来的;尽人皆知的是,若以过于粗泛的方式对比二者,会产生什么样的误导作用。但是,过去三至四个世纪(不过是历史长河中的一瞬间)以来出现的巨大转变如此剧烈,其影响又是如此广泛而深远,以至于当我们试图借助过往时代关于历史过渡的知识来理解它们时,我们只能从中得到十分有限的帮助。

为什么现代性的断裂特性并未受到充分的认知呢?原因之一是长久以来就一直存在着的社会进化论的影响。即使是那些强调断裂转型之重要性的理论(如马克思的理论),也认为人类历史是一个拥有总体发展方向的过程,并受到某种具有普遍性的动力原则所支配。各类进化论的确表述了这种“宏大叙事”,尽管它未必指向某种特定的目的论。根据进化论的观点,人们可以按照一条“故事主线”(story line)来描绘历史,这条主线把杂乱无章的人类事件规划在一幅井然有序的图画之中:历史以小型而孤立的狩猎和采集文化为“开端”,经历了作物种植与畜牧社区的发展,从那里产生出了农业国家,最后以现代社会在西方的出现为其顶点。

取代进化论的叙事,或者解构其故事主线,不仅对分析现代性的任务有阐明之功,而且也会使我们重新聚焦有关所谓后现代的讨论。历史本身并不具有被归因给进化论概念的“总体性”形式——而且各种版本的进化论在社会思想方面产生的影响比利奥塔等人所极力抨击的历史目的论哲学的影响更为深远。解构社会进化论,意味着不能把历史看成一个统一体,或者不认为它体现了某种组织与变革的统一性原则。但是这并不是说世界万物都处于混乱之中,或是人们能够任意书写各种独具个性的“历史”。举例来说,人类历史也确实存在着一些确定的过渡阶段,人们能够辨认其特性并对其加以概括。[①]

那么,将现代社会制度从传统的社会秩序中分离出来的断裂,我们应该怎样识别呢?这里涉及断裂的若干要素:首先是现代性时代所带来的飞快的变化速度。传统的文明形态也许比其他的前现代体系更富动力性,但是在现代性的条件下,变迁却

① 吉登斯:《社会的构成》(Giddens, *The Constitution of Society*, Cambridge, Eng.: Polity, 1984),第5章。

是更加神速。这一点也许在技术方面表现得最为明显，但它还渗透进了所有其他领域。其次，断裂体现在变迁范围上。当全球的不同区域都开始与其他地区产生相互联系时，社会变革的浪潮实际上已席卷了地球的整个表面。最后是现代制度的固有特性。某些现代社会的组织形式在此前的历史时期里并不存在——例如，民族国家的政治体系的形成，生产对非生命动力来源的全面依赖，或者劳动产品和雇佣劳动的完全商品化。其他社会形式也只与前在的社会秩序存在一种似是而非的延续性。城市便是例子之一。现代城市往往就位于传统城市的所在地，而且看上去它们似乎仅仅只是在传统城市的基础上扩展开来而已。但事实上，现代的城市中心，是根据几乎完全不同于过去将前现代的城市从早期的乡村中分离出来的原则确立的。①

安全与危险，信任与风险

为了进行关于现代性特征的讨论，我将用本书的很大一部分篇幅来集中讨论安全vs. 危险，信任vs. 风险的问题。正如每个生活在 20 世纪末的人所亲身经历的那样，现代性是一种双刃剑

① 吉登斯：《历史唯物主义的当代批判》(Giddens, *A Contemporary Critique of Historical Materialism*, London: Macmillan, 1981)。

现象。同任何一种前现代体系相比较，现代社会制度的发展以及它们在全球范围内的扩张，为人类创造了数不胜数的享受安全的、富有成果的生活的机会。但是现代性也有其阴暗面，这在20世纪已然变得尤为明显。

从总体上说，社会学的经典创始人都极为重视现代性的“机会面”（opportunity side）。马克思和涂尔干都把现代看作是一个问题层出不穷的时代。但是他们又都相信，由现代所开辟的使人获益的可能性，超过了它的负面效应。马克思认为阶级斗争是在资本主义秩序中产生根本性分裂的根源，但与此同时他也设想了一种更为人道的社会体系的诞生。涂尔干则相信，工业主义的进一步扩张将建立一种和谐而完满的社会生活，并且这种社会生活将通过劳动分工与道德个人主义的结合而得到整合。在三大经典创始人中，马克斯·韦伯最为悲观，他把现代世界看成是一个自相矛盾的世界，人们要在其中取得任何物质的进步，都必须以摧残个体创造性和自主性的官僚制的扩张为代价。然而，即使是韦伯，也没能预见到现代性的阴暗面所波及的范围有多么广泛。

举例来说，他们三位都看到了现代工厂工作对人产生的不良后果，它迫使许多人受制于寡然无味的、重复性劳动的纪律要求。但是他们都没有预见到，“生产力”拓展具有大规模地毁灭物质环境的潜力。对生态的关注在社会学的思想传统中并没有重要的地位。即使是今天，如果社会学家发现自己很难对生态问题做出系统的社会学论说，那也毫不奇怪。

另一个例子是政治权力的强化行使，这在极权主义事例中尤为明显。对社会学的创始人来说，权力的专断使用似乎只是在过去的岁月才有的事情（虽然有时在当下也能听到它的回声，如马克思在分析路易·拿破仑的统治时所指出的那样）。“专制主义”（despotism）似乎主要是前现代国家的特征，但透过法西斯主义的崛起、犹太大屠杀和斯大林主义，以及 20 世纪的其他事件，人们才恍然大悟，极权的可能性不仅未被排除，反而就包含在现代性的制度特性之中。极权主义不仅与传统的专制截然不同，它也因此更为恐怖。极权统治以更为集中的形式把政治、军事和意识形态的权力连接在一起，这在民族国家产生之前几乎是完全不可能的。①

军事力量作为一种普遍现象，其发展也为我们提供了一个恰当的例子。涂尔干和韦伯都亲身经历了第一次世界大战带来的种种恐怖事件（尽管涂尔干在战争结束之前就去世了）。战争冲突令涂尔干曾经提出的期望（工业主义将自然地促成一种和平而整合的工业秩序）幻灭了，而且战争本身也无法被纳入他所提出的作为社会学基础的知识框架之中。韦伯

① 吉登斯：《民族国家与暴力》。

比马克思或涂尔干更关心军事力量在既往的历史中所起的作用。然而,他也没有详尽阐述军事在现代的重要性,反而将分析的重点放到了理性化和官僚制上。这三位经典社会学的创始人都没有对“战争的工业化”(industrialization of war)现象给予过系统性的关注。①

当然,于19世纪末和20世纪初从事著述的社会思想家不可能预见核武器的发明。* 但是工业创新与工业组织同军事力量的结合有着悠久的历史,可以追溯到现代工业起源的早期。社会学基本上没有对这一过程加以分析,这显示出如下观点的横行:同以前时代的军国主义特征相比较,新生的现代性秩序将主要以和平为特点。但是人们不仅面临着核武器的威胁,而且还承受着实际的军事冲突,它们构成了现代性在20世纪的主要“阴暗面”。20世纪是战争的世纪,大量严重的军事冲突所夺去的生命,比此前两个世纪中的任何一个都要多得多。20世纪到目前为止,有一亿以上的人在战争中遭到了屠杀,即使考虑到

① 威廉·麦克尼尔:《竞逐富强》(William McNeil, *The Pursuit of Power*, Oxford: Blackwell, 1983)。

* 然而,当H. G. 威尔斯在第一次世界大战爆发前的1914年写作《获得自由的世界》时,他确然在书中做出了这样的预测,他受到了欧内斯特·卢瑟福的合作者,即物理学家弗雷德里克·索迪的影响。威尔斯的这部作品讲述了一场于1958年在欧洲爆发,并随后蔓延至全世界的战争。这场战争动用了一种可怕的武器,由名叫“Carolinum”的放射性元素制成。威尔斯就将这种武器称为“原子弹”(atomic bombs),在这部小说中,数百枚原子弹被投放到世界各地的城市里,造成了巨大的破坏。随后,世界迎来了大规模的饥荒和政治混乱,而新的世界共和国在废墟中应运而生,并且永久地禁止了战争。

人口的增长，20 世纪全世界被战争残害人口的比例都要比 19 世纪高得多。[①] 即使只是发生一场有限的核战争，生命之涂炭都会令人惊恐，而超级大国之间的全面冲突完全可能毁灭掉整个人类。

我们今天生活于其中的世界是一个可怕而危险的世界。我们不应该对此感到麻木不仁，甚至因此接受如下假设：现代性将会导向一种更幸福更安全的社会秩序。当然，失去对于“进步”的信仰是导致历史“宏大叙事”解体的主要因素之一。然而除了断定历史终将“不知所终”以外，现代性的后果远不止于此。我们必须对现代性的双刃剑特性做出制度性的分析。为了做到这一点，我们必须补正经典社会学的某些局限，它们直到今天仍然继续影响着社会学理论。

社会学与现代性

社会学是一门涉及很广又分支甚多的学科，任何一种企图将其简单地概括为一个整体的做法都是存有疑问的。但是，我们可以提出三个被广泛接受的概念，它们都是部分地从社会学

① 参见鲁斯·莱杰·西瓦德：《世界军事与社会开支》（Ruth Leger Sivard, *World Military and Social Expenditures*, Washington, D. C.: World Priorities, 1983）提供的数据。

的经典社会理论的长期影响中衍生出来的。正是这三个概念妨碍了人们对现代制度做出令人满意的分析。第一个概念涉及对现代性做出的制度性诊断;第二个概念与“社会”这一社会学分析的基本焦点有关;第三个则关系到社会学知识和这种知识所指代的现代性特征之间的联系。

1. 社会学中最著名的理论传统,包括那些从马克思、涂尔干和韦伯的著作中衍生出来的传统,在解释现代性的性质时都倾向于注意某种单一的、压倒一切的变革动力。对那些受到马克思影响的学者们来说,影响现代世界的主要变革力量是资本主义。随着封建主义的衰亡, 以地方庄园为根基的农业生产,被供给国内与国际市场需求的生产所取代,这种新型生产不仅将种类无比丰富的物质产品变成了商品,而且也将人的劳动力商品化。现代性所带来的社会秩序,在其经济体系和其他制度方面都具有**资本主义**的特征。现代性之躁动和多变的特征被解释为投资—利润—投资循环的后果,这种循环与总体利润率的降低趋势相结合,催生出这一体系始终寻求扩张的恒常属性。

这个论点受到了来自涂尔干和韦伯双方面的批评,他们将互相对立的解释引入了社会学理论,将对后来的社会学分析产生强有力的影响。在圣西门传统的影响下,涂尔干把现代制度的性质主要归结为**工业主义**(industrialism)的影响。对涂尔干来说,资本主义性质的竞争并不是正在兴起的工业秩序的核心因素,他把马克思极为重视的某些特征看成边缘性和暂时性的现象。他认为,现代社会生活急剧变迁的特征,主要不是源自资本主义,而是来自复杂的劳动分工所产生的强有力的刺激,由此通过工业对自然的开发,利用生产满足人类的需要。我们不是生活在资本主义秩序之中,而是生活在工业秩序之中。

韦伯也讲"资本主义"(而不是一种工业秩序的实在),但在某些关键方面,他的观点更接近涂尔干而不是马克思。韦伯所描述的"理性资本主义"包含马克思所阐明的经济机制,其中包括了雇佣劳动的商品化。然而,在韦伯的意义上,"资本主义"与马克思笔下的同一个概念有明显的区别。在韦伯那里,在技术和人类活动组织中表现出来,并以官僚制的形式出现的"理性化"才是其主调。

我们现在是否生活在资本主义的秩序之中?还是说工业主义才是塑造现代制度的主导力量?抑或我们应该把对信息的理性化控制看作现代性的基本特征?我将指出的是,我们不能以这种形式去回答这些问题,也就是说,我们不应该把它们看成是彼此排斥的表述。我认为,现代性在制度的层面上是多维的,这些理论传统所详细说明的每一个要素都发挥着一定的作用。

2. 在多数社会学的话语中,"社会"这个概念都占有举足轻重的地位。当然，“社会”是一个很含糊的概念，可以在一般化的意义上用它来指“社会联系”，或者用来指一种独特的社会关系体系。在这里我只考虑第二种用法，它也是所有占主导地位的社会学视角的基本用法。不过，马克思主义学者可能有时更偏爱“社会形态”的概念而非“社会”概念，但就“紧密连接的体系”而言，其内涵大体是相同的。

在非马克思主义视角中，特别是那些受到涂尔干影响的视角中，社会这个概念与社会学本身的定义密切相关。当社会学的常规定义认为（实际上，每一本社会学的教科书都是以此为开篇的）“社会学是研究人类社会的学科”或“社会学是研究现代社会的学科”时，它就清楚地表述了这个观点。现在已很少有（如果还有的话）当代学者像涂尔干那样，以一种几乎是神秘的方式把社会当作一种个体成员对其敬畏有加的“超然存在”。但是“社会”作为社会学核心概念的首要地位已经得到了人们广泛的承认。

为什么我们要对社会学理论中通常使用的“社会”概念有所保留？这里有两个理由。第一，那些把社会学当成“研究各种社会”的学者所考察的都是与现代性相关联的社会，尽管他们不一定会明确地表达出来。在对这些“社会”做概念化的过程中，他们想到的体系有着相当清晰的界定，而且这些体系具有自身内部的统一性。现在，当我们做如此理解之后，我们可以说，他们所说的社会其实就是民族国家。然而，尽管在讨论一个特殊社会的时候，社会学家可能会随意地使用“民族”或“国家”来代替社会，但是民族国家的特性很少被直接理论化。为了解释现代社会的性质，我们必须抓住民族国家的具体特征，这是一种与前现代国家有着鲜明差异的社会类型。

第二个理由关乎与社会概念密切相连的某些理论解释。其中最有影响的解释之一是由塔尔科特·帕森斯提出来的。[①] 按照帕森斯的观点，社会学的最高目标就是解决“秩序问题”。秩序问题对阐释社会体系的有界性（boundedness）极为重要，因为秩序问题被定性为一个关乎整合的问题，即当人们为了利益分配而可能导致“所有人向所有人开战”时，是什么仍然能使社会凝聚起来。

我认为用这样一种方式来思考社会体系没有什么益处。[②] 我们应该重新组织这个关于秩序的问题，转而探讨社会体系究竟为何把时间和空间“连接”起来。在这里，秩序问题被看成时空间离（time-space distanciation）的问题，即时间和空间在“间离”的条件下被组织在一起，由此连接在场和缺场。这个问题必须从概念上与社会各体系的“有界性”问题区别开来。至少

① 塔尔科特·帕森斯：《社会系统》（Talcott Parsons, *The Social System*, Glencoe, Ill.: Free Press, 1951）。
② 我在《社会的构成》中对此做过较详细的阐述。

在某些方面，现代社会（民族国家）有着被明确限定的边界。但是所有这些社会都因为一些跨越了国家社会政治体系和“民族”文化秩序的纽带和联系而交织在一起。实际上没有任何一个前现代社会像现代民族国家这样，有着如此明确的边界。农业文明也有“疆界”（frontiers）——这是地理学家们所使用的术语，而在通常情况下，较小的农业社区和狩猎采集社会会与周围的其他群体互相渗透，它们不具有以国家为基础的社会所拥有的领土观念。

在现代性的条件下，任何社会的时空间离程度都比最发达的农业文明要高得多。但是现代社会体系不仅仅是拓展了跨越时空的能力。为了认识作为整体的现代性的某些特质，我们必须深入地考察现代制度是怎样“处在”（situated）时间和空间之内的。

3. 人们认为，社会学包含各种原本互为殊途的思想形式，它能产生关于现代社会生活的新知识，人们可以用这些知识来预测和控制社会生活。关于这个主题有两种著名的观点。一种观点认为，社会学所提供的关于社会生活的信息，使我们能够对社会制度具有某种控制能力，就像物理科学在自然领域所做的那样。人们认为社会学知识同与之相关的社会世界有着某种工具性的关联，人们能够以某种技术性的方式运用这样的知识去干预社会生活。包括马克思（或者至少，根据某些人所理解的马克思)在内的其他学者则提出了另一种观点。对他们来说,领悟"用历史来创造历史"的思想才是问题的关键:社会科学的发现不能被简单地应用于无行动力的主体,而是必须经过社会行动主体的自我理解的过滤才能得到应用。

后一种观点无疑比前一种更为高明,但是它仍然是不充分的,因为它关于自反性的概念有失简陋。社会学与其所对应的主题(人类在现代性条件下的行为)之间的关系,必须用"双向阐释"(double hermeneutic)予以理解。[①] 一方面,社会学知识的发展依附于外行的行动主体(lay agents)所具有的观念;另一方面,那些在社会科学的元语言中被创造出来的概念,会惯例性地重新返回到最初为了对其进行描述和解释而将这些概念创造出来的行动世界中去。然而它并未由此直接通向一个清晰可见的社会世界。社会学知识螺旋式地进出于社会生活的世界之中,它对社会学知识自身,以及社会生活世界的重构都是这一过程的内在组成部分。

这是一种自反性(reflexivity)模式,而不是社会知识的积累与对社会发展的逐步更加广泛的控制齐头并进的平行模式。社会学(以及其他同现存人类打交道的社会科学)并非按照人们眼中自然科学的那种方式来发展积累性知识。相反,把社会学

① 吉登斯:《社会学方法的新规则》(Giddens, *New Rules of Sociological Method*, London: Hutchinson, 1974);《社会的构成》。

概念和知识断言“注入”社会世界的管道不是现成的，无论是提出这些概念和知识的人，或者甚至是权力集团和政府力量都很难提供这种管道。然而社会科学和社会学理论的实际影响确实是巨大的，社会学的概念和发现，与“现代性是什么”的问题具有构成性关系。以下，我将详细地阐述这一论点的重要性。

我所要提出的是，如果我们试图充分地理解现代性的本质，就必须摆脱前述既存的种种社会学视角。我们必须对现代制度的极端动力机制和全球化范围做出说明，并解释其与传统文化之间的断裂的性质。稍后我将讨论这些制度的特征，首先我在这里提出下述问题：现代性的动力性质的起源是什么？在对这个问题给出回答的过程中，我们可以对若干类不同要素进行区分，它们中每一种都与现代制度的动力和“拥抱全世界”的特性相关。

现代性的动力机制派生于时间和空间的分离以及它们在形式上的重新组合，正是这种分离和重组使得社会生活的精确的时空“分区制”（zoning）成为可能，导致了社会体系的脱嵌（disembedding，一种与时空分离的要素密切联系的现象）；并且通过影响个体和团体行动的知识的不断输入，来对社会关系进行自反性定序与再定序（reflexive ordering and reordering）。我将以时间与空间的定序为开端，对它们逐一做出详细分析，其中也将对信任的性质做初步的涉猎。

现代性、时间与空间

为了理解现代性与时间和空间的变革之间的密切联系，我们首先必须拿它同前现代时期时间和空间的关系做一些比较。

所有的前现代文化都有计算时间的方法。比如，历法就如同书写文字的发明一样，都是农业国家的特色。但是很显然，对大多数前现代人来说，构成日常生活基础的时间计算，总是会把时间与地点联系在一起，而且通常都是不精确且变化不定的。如果不参照其他的社会空间标记，没有人能够分清每天的时间。"什么时候"一般总是与"什么地方"相联系，或者是由有规律的自然现象来加以区别。机械钟的发明和它在所有社会成员中的推广（最早在 18 世纪后半期出现的现象），对将时间从空间中分离出来具有决定性的意义。时钟体现了一种"虚化"（empty）时间的统一尺度，以这种方式量化时间，便使得精确地设计每日的"分区"，比如确定"工作时间"成为可能。[1]

在机械钟所测定的时间的统一性与时间的社会性组织的统一性相匹配以前，时间都一直是与空间（和地点）相联系的。这

---

① 伊维塔·泽鲁巴维尔：《隐秘的韵律：社会生活中的时刻表与日历》（Eviatar Zerubavel, *Hidden Rhythms: Schedules and Calendars in Social Life*, Chicago: University of Chicago Press, 1981）。

一变革与现代性的扩张同步发生,直到20世纪才得以完成。它的主要表征之一是历法在全世界范围内的标准化。现在每一个人都遵循着同样的历法体系:例如,“2000年”的来临现在成了一个全球性的事件。尽管不同的“新年”继续共存,但是它们都被归入了同一种历法体系下。第二个表征是跨地区的时间标准化。即使在19世纪后半期,同一个国家的不同地区通常都遵循着不同的“时间”,而在不同国家的国境之间,情况甚至更为混乱。①

“时间的虚化”在很大程度上是“空间的虚化”的前提条件,因而具有因果关系上的优先性。我将在下文中提出:时间的协调统一是控制空间的基础。我们可以从空间(space)与地点(place)相分离的角度来理解“虚化空间”的发展。强调空间与地点这两个概念的区别极为重要,因为人们在使用这两个概念时,常常大体上把它们看成同义词。“地点”一词通过场所(locale)的观念得到了极好的概念阐释,场所指的是处于某种地理位置的社会活动的物质环境。② 在前现代社会,空间和地点大体上是一致的,因为对大多数人来说,在大多数情况下,社会生活的空间维度都受到“在场”(presence),即地域性活动

① 斯蒂芬·科恩:《时间与空间的文化:1880—1918》(Stephen Kern, *The Culture of Time and Space, 1880—1918*, London: Weidenfeld, 1983)。
② 吉登斯:《社会的构成》。

的支配。现代性的出现,通过培育与“缺场”(absent)他者(在场所上远离任何面对面的互动情景)的关系,日益把空间从地点中分离出来。在现代性条件下,地点逐渐变得捉摸不定,即是说,场所完全被远离它们的社会影响所穿透并受其塑造。建构场所的不再只有在场的事物,场所的“可见形式”掩藏了那些决定着场所性质的间离关系(distanciated relations)。

与时间虚化的例子相比,空间与地点的分离同统一的度量模式的出现之间的关系并不是那么密切。相比产生统一的时间尺度,划分空间的可靠方法原本就更为现成可得。“虚化空间”的发展首先与两类因素联系在一起:一类因素使得用不着参照构成确切的观察点的某个具有特权地位的场所,便可以对空间进行描述;另一类因素使得不同空间单位的相互换算成为可能。西方的旅行家和探险家对世界“边远”地区的“发现”是上述两类因素得以出现的必要基础。全球地图绘制的不断精进催生出一批更为通行的地图,在这些地图中,观察点在解释地理位置和形式方面所起的作用变得越来越微不足道,使得空间得以“独立”于任何特定的地点和地区。

时间与空间的分离不应被视作一种没有倒退或无一遗漏的单线式发展。相反,它与所有的发展趋势一样,也具有辩证的特点,也激生出一些对立的特征。此外,时间和空间的分离又为它们在社会活动中的重组提供了基础。列车时刻表就是一个很能说明问题的例子。一张列车运行时刻表初看起来似乎仅仅是一张关乎时刻的图表。但实际上它是一台时空定序仪,它表明火车在什么时间会到达什么地点。正是因为有了它,我们才能跨越广袤的时空,对火车及其乘客和货物进行复杂的调度。

为什么时间与空间的分离对现代性的极端动力机制如此重要呢?

首先,它是脱嵌过程的首要条件,对此我将在后文做简要的分析。时间与空间的分离及其标准化的“虚化”尺度的形成,切断了社会活动及其“嵌入”(embedding)在场情境之特性之间的关节点。脱嵌的制度则极大地扩展了时空间离的范围,并且它要实现这一效果,还依赖于跨越时间和空间的协调工作。这种现象冲破了地域习俗与实践的限制,开启了变迁的多重可能性。

其次,时间与空间的分离为现代社会生活的独特特征,即理性化组织提供了运行的机制。各种组织(包括现代国家)有时可能会像韦伯所描绘的官僚制那样,拥有相当静态、惰性的特质。但是更为普遍的是,它们具有一种与前现代秩序形成鲜明对照的动力机制。现代组织能够以传统社会中人们无法想象的方式把地方和全球连接起来,而且通过两者的连接,惯例性地影响着千百万人的生活。

最后，与现代性相联系的激进历史性特征，依赖于各种“植入”(insertion)时间和空间的模式，这些模式对以前的文明来说是无从谈起的。“历史”是一种为了塑造未来而系统性地征用过去的方式，它随着农业国家的初现而获得了最初的动力，但是现代制度的发展赋予了它一种本质上全新的动力。一种标准化的历法体系现在已经得到普遍的认可，它促进了对统一的过去的征用，哪怕这种“历史”可能或多或少会受制于各种相互对立的阐释。此外，既然全球的总体性图绘在今天已经被视为当然，那么统一的过去也具有涵盖全世界的属性，时间和空间已被重新组合起来，构筑了一个关于行动和经验的真正世界历史意义上的框架。

脱　嵌

现在让我们来谈谈社会系统的脱嵌问题。所谓脱嵌，我指的是将社会关系从彼此互动的地域性情境中“脱离出来”，并穿越不确定的时空范围而得到重构。

社会学家常常用“分化”或“功能专门化”的概念来讨论由传统世界向现代世界的转型。根据这种观点，从小规模的社会系统向农业文明的转变，然后再走向现代社会的运动，可以被视作社会的渐进式内在多样化的过程。对于这种立场，可以提出许多异议，因为其倾向于进化论的视角，却完全没有注意社会系统分析中的“边界问题”，而且它总是依赖功能主义者提出的观念。① 而且，对目前的讨论更重要的是，它在事实上并没有对时空间离问题做出令人满意的论述。分化或功能专门化的概念对理解社会系统如何将时间和空间重新聚合的现象并不是很适用。由脱嵌所唤起的视觉图像则能够更好地表现时间和空间不停变幻的组合，而这种不停变幻的组合对一般意义上的社会变迁，尤其对现代性的性质，都是特别重要的。

我想区分两种类型的脱嵌机制，这些机制都内在地包含于现代社会制度的发展之中。第一种我称之为象征符号（symbolic tokens）的产生，第二种我称之为专家系统（expert system）的建立。

所谓象征符号，我指的是相互交流的媒介，它能被“传递开来”，而用不着考虑任何特定场景下处理这些媒介的个人或团体的特殊性质。象征符号可以分为不同的种类，例如，有象征政治合法性的媒介；在这里我将集中讨论货币符号。

在社会学中，货币的性质曾经被广泛地讨论过，并且它显然构成了经济学永恒的关注点。在马克思的早期著作中，货

① 对于功能主义的批评，参见我的《功能主义：大战之后》，载吉登斯：《社会和政治理论研究》（“Functionalism: après la lutte”, in Giddens, *Studies in Social and Political Theory*, London: Hutchinson, 1977）。

币被称为“无处不在的妓女”，这种交换工具不考虑商品或服务的具体内容，而用非个人的标准去代替它们。货币允许任何东西之间的交换，而不管用于交换的商品之间是否具有某种共通的实在品质。马克思对货币的批评性论述预示了他后续对使用价值和交换价值所做的区别。由于货币具有“纯粹的商品”属性，它使得交换价值的一般化成为可能。①

然而，格奥尔格·齐美尔对货币与现代性之间的联系所做的论述才是最为深远和缜密的。② 我将很快在下文中回到这一点，因为我将在自己对货币作为一种脱嵌机制的讨论中引用齐美尔的论述。与此同时，我们应该注意的是，相对晚近的塔尔科特·帕森斯和尼克拉斯·卢曼（Niklas Luhmann）的著作也对货币的社会属性有所关照。帕森斯在这方面是具有举足轻重地位的作者。根据他的观点，货币是现代社会中诸种“流通媒介”之一，其他的流通媒介包括权力和语言。尽管帕森斯和卢曼的方法与我在后面将要论述的内容有着某种相似性，但是我并不接受他们的主要分析框架。无论是权力还是语言都不能与货币或其他脱嵌机制相提并论。权力和语言的运用都是一般意义上的社会活动的固有特征，而不是一种特

① 卡尔·马克思：《政治经济学批判大纲》（Karl Marx, *Grundrisse*, Harmondsworth: Penguin, 1973），第 141、145、166—167 页。

② 格奥尔格·齐美尔：《货币哲学》（Georg Simmel, *The Philosophy of Money*, London: Routledge, 1978）。

殊的社会形式。

货币究竟是什么？在这个问题的解答上，经济学家们从来就没有取得过一致意见。然而，凯恩斯的文章也许为我们提供了最好的起点。凯恩斯强调的一大要点是货币与众不同的特殊品质。他在著作中对货币所做的严格分析，将他的理论与新古典经济学的观点区分开来，因为在新古典经济学中，正如利昂·沃尔拉斯所说的那样，“货币是不存在的”。[①] 凯恩斯首先区分了记账货币（money of account）和货币本身（money proper）。[②] 在其早期形式中，货币等同于债务。“商品货币”（commodity money）标志着由以物易物向货币经济变革而迈出的第一步。当在交易结算中债务的确认能够替换成商品时，基本的转型就已然发生了。任何一家银行都能发行这种对“债务的自发确认”，它由此就变成了“银行货币”（bank money）。在广泛地传播开来以前，银行货币是对私人债务的认可。这种朝向货币本身的运动需要国家的干预，而国家是货币价值的担保者。只有国家（这里指的是现代的民族国家）能够把私人债务交易变为标准的支付形式，换言之，只有国家能在交易次数数不胜数的情况下，使债务和债权处于平衡状态。

---

① 利昂·沃尔拉斯：《纯经济学要素》（Leon Walras, *Elements of Pure Economics*, London: Allen and Unwin, 1965）。

② J. M. 凯恩斯：《货币论》（J. M. Keynes, *A Treatise on Money*, London: Macmillan, 1930）。

在其高级形式中，货币首先是根据债务和债权来定义的，而这些债务和债权关系到众多分散的交换。正是出于这个原因，凯恩斯把货币和时间紧密地联系在一起。[①] 货币是一种延期方式，它在不可能直接实现货物交换的情况下，将债权和债务连接起来。我们可以说，货币是一种重新聚合时间的手段，因此它也是一种将交易从具体的交换环境中抽离出来的手段。更准确地说，套用我们在上文引入的术语，货币是一种时空间离的手段。货币使得在时间和空间上相距甚远的行动者之间的交易成为现实。齐美尔恰如其分地描述了货币的空间含义，他指出：

> 货币的作用同个人与其财产之间的空间距离相关联……只有当一个企业的利润能够以一种轻而易举的方式被转移到任何地方，货币才能通过与财产和所有者在空间上的彼此分离，保证货币处于一种高度独立状态，换言之，保证货币具有自我流动能力……货币跨越空间的威力能够使所有者和他的财产分离得如此之远，以至于两者中的任何一方都能够在很大程度上遵循各自的原则，其程度大大超过了以往所有者和财产处在直接相互关联的时期，那时的经济活动仍然是一

① 参见阿尔瓦罗·森西尼：《货币、收入和时间》（Alvaro Cencini, *Money, Income and Time*, London: Pinter, 1988）。

种带有个人性质的事务。[1]

同任何一种拥有货币的前现代文明相比较,现代货币经济所带来的脱嵌程度都要高得多。即便在前现代最发达的货币体系中(如在罗马帝国的货币体系中),预付款也从未超出凯恩斯所定义的货币本身形态的商品货币。而今天,“货币本身”已经不再依赖它的表现手段,转而采用纯信息的形式,显现为计算机打印资料中的数字。像帕森斯那样把货币隐喻为一种流通媒介已不再恰当。货币作为硬币或纸钞确实流通着;但是在现代经济秩序中,大量的金钱交易并不采取这种形式。森西尼指出,那种认为货币“流通”着,并可以将其视作一种“流通物”的老观念,在本质上是具有误导性的。[2] 如果货币(比如说像水一样)确实流动着,那它的流通就会直接以时间的形式表现出来。我们由此可以得出,流速越大,单位时间内等量流通物所需要的流道就越小。就货币而论,这就意味着一桩特定的交易所要求的货币面值将与它流通的速度成正比。但是如果我们认为用一百镑面值的货币完成的支付可以由五十镑或十镑面值的货币来完成,则纯粹是废话。货币并不是一种与时间(或更准确地说,与

① 齐美尔:《货币哲学》,第332—333页。
② 森西尼:《货币、收入和时间》。

时空）相关的流通物，反而是一种通过耦合瞬时性和延迟性，耦合在场与缺场，而将时间与空间重新聚合起来的手段。用萨耶尔的话来说："除了在某些交易结算的过程中从一种所有权关系向另一种所有权关系转移的那一瞬间，任何资产都无法发挥交换媒介的作用。"①

货币是与现代性密切相连的脱嵌机制的一个实例。我不想在此详细说明发达的货币经济对现代制度特性所产生的实质性作用。然而，"货币本身"当然是现代社会生活的一个内在组成部分，也是一种特殊类型的象征符号。它对现代经济活动的总体脱嵌具有极其关键的意义。例如，现代社会最具特色的脱嵌形式之一是资本主义市场（包括货币市场）的扩张，而且它在相对早期的阶段就拥有了国际性的规模。"货币本身"是这些脱嵌形式所包含的间离交易所不可或缺的。正如齐美尔指出的那样，它对现代经济活动中的财产所有权及其可让渡性也具有关键性的意义。

所有的脱嵌机制（包括象征符号和专家系统两方面）都依赖于信任（trust）。因此信任在本质上与现代性制度相关联。信任在这里针对的不是个人，而是对抽象能力的信任。任何一个

① R. S. 萨耶尔：《英格兰的货币思潮与货币政策》，载《经济学杂志》（R. S. Sayers, "Monetary Thought and Monetary Policy in England", in *Economic Journal*, Dec. 1960）；转引自森西尼：《货币、收入和时间》，第 71 页。

使用货币符号的人都依据这样一种假设：那些他或她从未谋面的其他人也都承认这些货币的价值。但是，人们信任的是货币本身，而不仅仅是（甚至主要不是）信任那些用货币做具体交易的人。在稍后的论述中，我将谈到信任的一般性质。现在，当我们把注意力暂且局限于货币这个例子上，我们就会注意到，齐美尔对存在于货币和信任之间的纽带，给予了特别的关注和分析。他像凯恩斯一样，把对货币交易的信任与"公众对发行货币的政府的信心"联系在一起。

齐美尔将人们对货币的信任与人们对许多远期交易活动中"不充分的归纳性知识"（weak inductive knowledge）区别开来。如果一个农场主吃不准某块土地是否能像过去的年份一样，在来年也会有好收成，她或他就将不会播种这块土地。对货币的信任，比起计算将来可能发生的事情的可靠性，所包含的东西要更多。齐美尔说，当我们"相信"某个人或某个原则时，信任便存在："它表达了这样一种感觉——在我们对某存在物的观念和该存在物本身之间，存在着某种确切的联系与统一性，我们关于它的观念存在某种前后一致性，我们存有一种对它的确信，我们的自我意识不做任何反抗，便向这种观念屈服，这种感觉可能基于种种具体的原因，但是这些原因无法解释它。"[①]简言之，信

① 齐美尔：《货币哲学》，第 179 页。

任是“信念”(faith)的一种形式，人们对信任对象很可能出现的结果所持有的信心表现为对某事物的信奉(commitment)，而不只是认知意义上的理解。正如我在后面将对其做详细的说明那样，包含在现代制度中的信任模式，实际上是建立在对这些制度的“知识基础”的模糊不清和片面理解之上的。

现在，让我们来看看专家系统的性质。我所说的专家系统，指的是由技术成就或专业的专家知识所组成的体系，而如今我们生活于其中的物质与社会环境的许多领域都是由这些体系组织起来的。[①] 绝大多数非专业的外行人士仅以短时性或不定期的方式去咨询律师、建筑师、医生以及其他“专业人士”，但是融专业知识于其中的这些体系却以连续不断的方式影响着我们行为的许多方面。仅仅坐在家中，我就已经被卷进了我所依赖的一种或一系列专家系统之中。我在家里上下楼梯的时候并不特别担心，虽然我知道原则上说房屋结构也可能倒塌。我几乎不了解建筑师和建筑工人设计与建筑房屋时使用的知识体系，尽管如此，我还是对他们完成的工作持有“信念”。虽然我不得不信任他们的能力，但是与其说我对他们的人持有信念，还不如说是对他们所使用的专家知识的可靠性持有信念，而这是某种在

① 埃利奥特·弗赖森：《专业权力：对形式知识制度化的研究》(Eloit Freidson, *Professional Powers: A Study in the Institutionalization of Formal Knowledge*, Chicago: University of Chicago Press, 1986)。

通常情况下我自己不可能详尽地验证的专业知识。

我走出家门，坐上一辆汽车，就进入了一系列完全充斥着专家知识的环境之中，包括汽车的设计和制造、高速公路、交叉路口、交通信号，以及其他许多相关设施。人人都知道驾驶汽车是一种有危险的活动，承担着发生事故的风险。当我选择驾车外出时，我就接受了这种风险，但是我将依赖上面所说的专业系统，它们将尽可能保证把事故的发生率降到最低点。我对于汽车的运行原理知之甚少，而且如果汽车出了故障，也只能做一些极其简单的修理工作。对道路建设的技术、路面的维护，或者是帮助控制交通活动的计算机等等，我的知识也都极为有限。当我把汽车停在机场然后登上飞机，我就进入了另一个专家系统，而我对这个系统的技术知识的掌握最多也就停留在初级的阶段。

与象征符号一样，专家系统也是一种脱嵌机制，因为它把社会关系从直接的具体情境中分离出来。两种类型的脱嵌机制都假定，时间和空间的分离是时空间离的前提条件，而且它们对其也有促进作用。与象征符号一样，专家系统以同样的方式脱嵌，它跨越间离的时空来“保障”人们的期望不会落空。社会系统的这一“延伸”，是通过用于评估技术知识的测试的非人性质，以及用来控制其形式的公共批评（正是技术性知识之生产的基础）来实现的。

需要反复指出的是，对那些外行人士来说，对专家系统的信任既不依赖于完全进入这些过程，也不依赖于对这些系统所产生的知识的精通。信任在一定程度上不可避免地就是"信念"。当然这一命题不应被过分地简单化。毫无疑问，我们可以常常从外行人士对专家系统的信心中看到齐美尔所谓的"不充分的归纳性知识"。这"信念"中也有实用主义的成分，而这种成分往往以专家系统通常都会正常运行的经验为基础。而且，专业协会之上经常还设有一些监管机构，为专家系统的消费者提供保护：如为机械颁发许可证书，监督飞机按标准制造，诸如此类。可是，这些都没有改变一点，即所有的脱嵌机制都蕴含着一种信任态度。现在让我来谈谈我们怎样才能更好地理解信任概念，以及信任怎样在一般意义上与时空间离相联系。

信　任

"信任"这个概念，经常出现在人们日常的语言中。[①] 虽然信任的各个义项与其他表达有着宽泛的关联，但这些义项彼此之间的关联比较微弱。当一个人说"我相信（trust）你一切安好"，这在通常情况下并不比用礼貌的关切语气说"我希望你身

① 在后文论述中，我将使用戴尔德丽·博登（Deirdre Boden）提供给我的各种尚未发表的材料，她的论点对第一部分以及整本书来说都是很重要的。

体健康”有更多的含义，尽管这里“相信”具有某种比“希望”更强的隐含意义，暗含着某种更接近于“我希望并且没有理由怀疑”的意义。在某些更为重要的语境中，信任之中已经渗入了信心（confidence）或依赖*的态度，而我们在上述话语中对此也有所察觉。而当某一个人说“我相信张三会那样做”时，这种含义就更为明显，尽管它离“不充分的归纳性知识”层次相去不远。它的意思是说，在适当的情况下，人们是可以肯定张三会如此行动的。不过这些用法与我们当前讨论的关系不大，因为它们并没有涉及吸纳信任的社会关系。它们也与信任永驻之系统无关，而只是有关他人行为的指称；其所涉及的个人并没有被要求展示出包含在信任的更深层意义中的“信念”。

《牛津英语词典》主要将“信任”定义为“对某人或某物的品质或属性，或对某一陈述的真实性，持有信心或依赖”。这个定义为我们提供了一个有益的起点。“信心”和“依赖”显然与我在上文中承袭齐美尔之后谈及的“信念”有某种绑定关系。卢曼一方面意识到信心和信任是密切相连的，另一方面他又区分了这两个概念，并以此作为他论述信任问题的作品的基础。①

---

* 依赖（reliability）在部分语境中也译为可依赖性。——译注

① 尼克拉斯·卢曼：《信任与权力》（Niklas Luhmann, *Trust and Power*, Chichester: Wiley, 1979）；卢曼：《熟悉、信心与信任：问题与选择》，载迭戈·甘伯塔编：《信任：合作关系的形成与破裂》（Luhmann, “Familiarity, Confidence, Trust: Problems and Alternatives”, in Diego Gambetta ed., *Trust: Making and Breaking Cooperative Relations*, Oxford: Blackwell, 1988）。

他认为,信任应该特定地被置于与风险(risk)相关的语境中予以理解,而风险是一种产生于现代时期的概念。* 这个概念的诞生是因为人们意识到,未能预期的后果可能恰恰是我们自己的行动和决定造成的,而不是大自然所给予的暗示,也不是神那不可言说的意图。"风险"在很大程度上取代了过去人们对于"运气"(命或命运)的想法,并且与宇宙论相分离。信任假定人们对风险环境有意识,但信心无此假定。信任和信心都指向了可能会遭到挫折或失败的期望。卢曼所使用的信心概念,指的是人们对于熟悉的事物将维持稳定所持的一种想当然的态度:

> 通常情况下你都持有信心。你相信你的期望将不会落空,相信政治家们会力图避免战争,相信汽车不会突然出故障或者星期天下午你在路边散步时,它不会突然驶离道路并且把你撞倒。没有对突发性事件的漠视你就不能生存,你必须或多或少地忽略失望的可能性。这不仅因为它只是一种十分罕见的可能性,而且也因为你不知道除了这样做,你还能怎么办。否则,你就得生活在一种永不确定的状态之中,放弃期望,且无

* "风险"这个词似乎在 17 世纪才进入英语,它可能来源于一个西班牙的航海术语,意思是遇到危险或者是触礁。

法用任何东西取而代之。[1]

按照卢曼的观点,就信任而论,个人在决定进行某一特定的行动时,总是在心中揣摩着其他可能性。如某人在买一辆旧车而不是一辆新车时,就冒着将买到一件废品的风险。他或她会信任推销人员,或者信任销售公司的信誉,以图避免上述情况。这样,一个不考虑其他可能性的人所怀有的是信心,而意识到种种可能性又力图避开风险的人所怀有的则是信任。在怀有信心的状态下,一个人对希望落空的反应是责备他人;而在怀有信任的情况下,他或她就必须自行承担部分责任,并且懊悔自己怎么会信任这样的人或事。信任和信心之间的区别取决于一个人自己先前的行为是否会影响到挫折的可能性,也因此取决于风险与危险之间的相互区别。卢曼认为,由于风险概念的出现相对晚近,所以把风险从危险中分离出来的可能性必然源于现代性之社会特征。从本质上说,它产生于人们对以下事实的认识:大多数影响人类活动的突发性事件都是人为造成的,而不是由上帝或大自然造成的。

卢曼的方法是重要的,它将我们的注意力引向为了理解信任而必须做的一些概念性区分上。然而我认为,其概念性区分

① 卢曼:《熟悉、信心与信任》,第 97 页。

的细节之处并不能令我们感到满意。确实,当他区分信任与信心、风险与危险,并且指出它们都以某种方式彼此密切相连的时候,他是对的。但是,把信任概念与特定的情境相连,并认为个人在其中会有意识地考虑其他可供选择的行为过程,则是无济于事的。相比这种定义,信任通常是一种更具有持续性的状态。下面我将说明,信任是信心的一种特殊类型,而不是什么与之截然不同的东西。类似的观察也适用于风险和危险。我不能同意卢曼关于"不行动也就无风险"(换言之,不冒险也就不会有潜在的损失)的表述。[①] 不行动经常也有风险,而且不管我们喜欢与否,有一些风险是我们大家都必须面对的,诸如生态灾变、核战争等等。此外,即使按照卢曼的定义,信心和危险之间也不存在内在的联系。危险存在于风险的环境之中,而且它在实际上也与风险的定义有关。例如,乘坐一条小船跨越大西洋所冒的风险远比乘坐一艘远洋客轮要大,因为前者所包含的危险因素变量要多得多。

我将另辟蹊径对信任和其他相关的概念给出定义。为了便于说明,我将把所包含的这些要素分为十个要点,其中既包括信任的定义,也包括由此衍生出来的一系列相关论点:

1. 信任与对象在时间和空间中的缺场有关。对于一个行

① 卢曼:《熟悉、信心与信任》,第 100 页。

动持续可见而且思维过程具有透明度的人，或者对于一个我们完全知晓其运行方式的系统，不存在需要信任他或它的问题。在过去，信任一直被说成是“应对他人之自由的手段”[①]，但是产生信任的首要条件不是缺乏权力而是缺乏完整的信息。

2. 从根本上说，信任不是与风险相联系，而是与突发性联系在一起。在面对突发性结果（无论这些结果是由于个人的行动还是由于系统的运作造成的）时，信任总是具有依赖的含义。至于说到对人的信任，可依赖性的预设则包含有“诚实”（荣誉）或爱的含义。这就是为什么对信任者个人来说，信任他人具有重大的心理意义：这是交付给命运的道德抵押。

3. 在一个人或一个系统之可依赖性（reliability）方面，信任与信念并不相同；信任是从信念中派生出来的。信任恰恰是连接信念与信心之间的纽带，正是因为如此，信任才不同于“不充分的归纳性知识”。后者是建立在对环境的某种程度的掌控基础之上的合理的信心。但从某种意义上说，所有信任都是盲目的！

4. 我们可以谈论对于象征符号或专家系统的信任，但这种信任建立在对于我们并不知晓的原则之正确性所持有的信念的

① 甘伯塔：《我们能信任“信任”吗？》（Gambetta，“Can We Trust Trust?”），载甘伯塔编：《信任：合作关系的形成与破裂》。另参见同一本书中约翰·邓恩的重要论文《信任与政治机构》（John Dunn，“Trust and Political Agency”）。

基础之上的,而不是建立在对他人的“道德品质”(良好动机)所持有的信念的基础之上。当然,对个人的信任在一定程度上总是与对系统的信念有关,但是这种信念关乎的只是这些系统的正常运转,而非运行机制。

5. 至此我们到了给信任下定义的时候。信任可以被定义为:对一个人或一个系统之可依赖性所持有的信心,相信他或它会带来一系列给定的结果或事件,这种信心表达出一种对于他人之诚实或爱的信念,或者对抽象原则(技术性知识)之正确性的信念。

6. 在现代性的条件下,信任的存在情境有以下几个特点:(a) 人们普遍意识到,人类活动(这个短语中包括技术对物质世界的影响)乃是社会性的创造,而非由事物之自然本性或神明之影响所形成;(b) 由现代社会制度之动力特征所极大扩展的人类活动所具有的变革力量。风险的概念代替了运气,但这并不是因为前现代时期的行动主体就不能分辨风险和危险。相反,它体现出现代对决定性与突发性的认识已经发生了变化,以至于人类的道德律令、自然原因以及机会取代了宗教宇宙论的主导地位。现代意义上的机会观念,是与风险观念同时出现的。

7. 危险与风险密切相关但又不同。这种区别并不取决于个人在考虑或采取一系列特定的行为时是否会有意识地权衡各种选择。准确地说，风险预设的正是危险（但并不一定有对危险的意识）。当某人冒风险做某一件事时，他或她就有可能招致危险，在这里，危险被视作对所期待的结果的一种威胁。任何一个“在权衡之后冒险”的人都能意识到由特定的行动所引起的一种或多种威胁。但是，人们在采取行动或身处具有内在风险的境遇时，他们也完全有可能没有意识到自己会冒什么样的风险。换句话说，他们并没有意识到会招来什么样的危险。

8. 风险和信任是交织在一起的，信任通常被用来减少特定的行动方式所可能遇到的危险，或把这些危险降到最低的限度。在某些情况下，在信任所涉及的环境框架中（如股市投资、有危险的运动项目），风险的类型是制度化的。在这里，技术和运气都是能够限制风险的因素，但是这种风险通常都是经过有意识的权衡的。在所有信任的设定中，可接受的风险都被归入“不充分的归纳性知识”的大旗之下，而且从这种意义上说，信任和风险估算之间几乎总存在着一种平衡。究竟什么是“可接受的”风险或者说危险的最小化？这在不同条件下当然是不同的，但它在维持信任方面具有核心意义。因此，考虑到飞机违背了万有引力法则，乘飞机旅行就会被看作是有内在危险的行动。经营航空公司的商人在反对这一点的时候通常会给出每英里里程的死亡乘客人数，从统计学上证明乘坐飞机旅行的风险是多么小。

9. 风险不仅仅涉及个人行为。“风险环境”将总体影响许许多多的个体——有些案例还有可能影响生活在地球上的每一个人，生态灾变或核战争便是如此。我们可以把“安全”定义为如下一种情境：一系列特定的危险在这一情境中要么被消除，要么被降到最低限度。安全的体验通常建立在信任与可接受的风险之间的平衡之上。从事实和经验的意义上说，安全既可以指大规模人群或人类集体的安全（以至囊括全球性安全），也可以指个人的安全。

10. 以上论述都没有谈到信任的对立面是什么，它并不是不信任，对此我将在后面做出论证。以上论述也没有对那些导致信任产生或消失的条件提供更多的说明；在后面的部分中我将比较详细地讨论这些问题。

现代性的自反性

现代性的观念内在地与传统相对立。我们在前文提到过，人们在具体的社会情境中的确能发现许多现代与传统相结合的情形。实际上，有的作者就曾指出，现代和传统彼此交织得如此紧密，以至于对它们做任何泛化的对比都是毫无价值的。但是，当我们对现代性和自反性之间的关系做进一步的探讨时，我们会发现实际情况并非如此。

从根本的意义上说，自反性是对所有人类活动特征的界定。人类总是惯常地与他们所做事情的理由“保持着联系”，这本身就构成了他们所做事情的一种内在要素。我曾在另一部作品中将其称为“行动的自反性监测”，我之所以使用这个短语是为了让人们注意到这一过程的长期性。[1] 人类行为并不包含聚合互动和理性的链条，但其中有着对行为及其情境的连续不断的（尤其如戈夫曼等人所说，从不松懈的）监测。这并不是一种与现代性具有特定联系的自反性的含义，不过它构成了现代性的自反性的必要基础。

在传统文化中，过去受到特别尊重，符号具有很高的价值，因为它们包含着世世代代的经验并使之永生不朽。传统是一种将对行动的自反性监测与社区的时空组织融为一体的模式。它是一种驾驭时间与空间的手段，可以把任何一种特定的行为和经验嵌入过去、现在和将来的延续体之中，而过去、现在和将来本身，就是由反复进行的社会实践所建构起来的。传统并不完全是静态的，因为每一批从上一代人手中继承文化遗产的新生代都必然要重新创造传统。与其说传统抗拒变迁，不如说在传统所属的语境中，几乎不存在相互分离的时间标志与空间标志，

① 吉登斯：《社会学方法的新规则》。

而变化只有依据这类标志才可能获得有意义的形式。

各种口述文化尽管实际上是所有文化中最富有传统意味的,但其中的人们甚至不把传统视为传统。为了理解传统,并将其区别于其他组织行动和经验的模式,人们需要分割时间和空间,而这只有在发明书写文字以后才成为可能。书写文字提升了时空间离的水平,产生出一种关于过去、现在和将来的思维方式,根据这种方式,对知识的自反性征用能将其从既定的传统中分离出来。然而,在前现代文明中,自反性在很大程度上被限于重新解释和阐明传统,故而在时间范畴中,"过去"比"未来"更为重要。此外,因为识字只是少数人的特权,日常生活的周而复始仍然与旧式传统联系在一起。

随着现代性的出现,自反性具有了截然不同的特征。它被引入系统再生产的根基之内,使得思想和行动总是处在连续不断的彼此反映的过程之中。如果不是"以前如此"在原则上正好与(人们根据新获知识发现的)"本当如此"相吻合,那么日常生活的周而复始就不会与过去有什么内在的联系了。仅仅因为一种实践具有传统的性质就认可它是不够的。传统,只有通过借传统以外的路径得到证实的知识的说明,才能够被证明是合理的。考虑到习俗变迁的惰性,这就意味着即便在最现代化的现代社会中,传统依然有其地位。但是,传统的这种地位,并不如那些关注当代世界中传统与现代之整合的学者所设想的那般重要。因为,所谓已被证明为合理的传统,实际上已经是一种具有虚假外表的传统,它只有从对现代性的自反性中才能得到认同。

现代社会生活的自反性在于如下事实:社会实践总是不断地受到关于这些实践本身的新认识的检验和改造,从而在构成上不断改变着自己的特征。我们必须弄清楚这种现象的性质。所有社会生活的形式,在部分上都由行为者对社会生活的知识所构成。在维特根斯坦所阐明的意义上,知道"下一步该如何行动"这一点,对于由人类的行动所继承并加以再造的习俗来说,具有内在的意义。在所有的文化中,不断进展的探索都会重新进入社会实践,并且惯例性地改变它们。但是,只是在现代性的时期,习俗的修正才走向激进化,并(在原则上)被应用于社会生活的方方面面,包括用技术干预物质世界。人们常说现代性以对新事物的欲求为标志,但这种说法可能并不完全准确。现代性的特征并不是为了新事物而接受新事物,其特征是全面自反性的假定,这当然也包括对自反本身的性质进行自反。

也许直到 20 世纪晚期的今天,我们才刚刚开始全面地意识到这种视野是多么令人不安。当理性的诉求替代了传统的诉求时,它们似乎提供了某种比先前的教条更为笃定的感受。但是,只有当理性被理解为特定知识的获取,并且我们没有察觉现代性的自反性实际上将颠覆理性时,上述这种观点才会显得具有说服力。现代性是在人们自反性地征用知识的过程中(并通过这一过程)被建构起来的,然而将知识与确定性画上等号实际上只不过是一种误解罢了。我们已然置身异域,进入了一个完全通过自反性地征用知识而建构起来的新世界。但是同时,我们却永远也不敢肯定,在这样一个世界上,这些知识的任何一种特定要素会不会被修正。

甚至那些最坚定地捍卫科学确定性学说的哲学家,也都承认这一点。卡尔·波普尔就说过:“所有的科学都建立在流沙之上。”①尽管科学探索为我们提供了我们所能欲求的关于这个世界的最可靠的信息,但是即使在科学中,没有什么东西是确定的,也没有什么东西能够被证明。在自然科学世界的核心地带,现代性自由地漂移着。

在现代性的条件下,再没有什么知识是“原来”意义上的知识了,而在“原来”的意义上,“知道”就意味着确定。这一点同样适用于自然科学和社会科学。然而,拿社会科学的例子来说,它还包含更深入的思考。此时,我们应该回顾一下前文对社会学的自反性成分所做的观察。

在社会科学中,所有建立在经验之上的知识都具有不稳定的特征,在此之外我们必须加上“破坏性”的标签,而“破坏性”

---

① 卡尔·波普尔:《猜想与反驳》(Karl Popper, *Conjectures and Refutations*, London: Routledge, 1962),第34页。

的根源在于：社会科学的话语又重新进入到它所分析的情境中去。社会科学是正式化版本（一种特殊类型的专家知识）的自反，而这种自反对作为整体的现代性的自反性来说，又具有根本的意义。

由于启蒙运动和崇尚理性主导之间存在着密切关系，人们通常认为，在把现代观念与此前的观念区别开来这一方面，自然科学做出了卓有成效的贡献。即使那些偏爱阐释型社会学而非自然主义社会学的人，通常也承认社会科学较自然科学稍逊一筹（尤其是鉴于科学发现所引起的大规模的技术发展）。但是，社会科学实际上比自然科学更深地蕴含在现代性之中，因为对社会实践的长期修正的依据，恰恰是关于这些实践的知识，而这正是现代制度的部分血肉所在。①

尽管社会学在这一自反性关系中占据着独特的中心地位，但其实所有的社会科学也都参与了现代性的自反性关系。以经济学的话语为例，诸如"资本""投资""市场""工业"等概念所具有的现代意义，都是在经济学作为一门独立学科的早期（18世纪及19世纪初）发展中得到详尽阐明的。这些概念，以及与它们相联系的经验性结论之所以得到阐述，目的是为了分析伴随现代制度的出现而带来的种种变迁。但是它们并不能（也不

① 吉登斯：《社会的构成》，第7章。

曾)与相关的活动和事件分离开来。它们与“现代经济生活”的实质融为一体,并且密不可分。如果不是所有人在事实上都掌握了上述这些(以及大量其他)概念,现代经济生活就不会是现在这个样子。

非专业人士当然不能对“资本”“投资”等概念做出规范化的定义,但是,比方说,从每一个使用银行储蓄账户的人身上都可以看出,他们实际上已经隐性地掌握了这些概念。这一类概念,以及与之相关的理论和经验信息,不只是某种便利的工具,相比没有这类概念的情形,它们可以让行动者能够更清楚地理解他们自己的行为。这些概念积极地建构了经济行为,并展示出这些经济行为背后的原因。经济学家能够获取的文献,与社会中利益相关的人(如商界首脑、政府官员或公众)阅读或以其他的方式接收的材料之间,并没有明确的隔绝层。经济环境由于这些概念的输入而不断地变化着,从而在经济学话语及其所指涉的经济行为之间创造出一种持续互相渗透的局面。

社会学在现代性之自反性中所占据的中枢地位,源于它是对现代社会生活最一般化的自反方式。让我们来看看一个属于自然主义社会学的硬核例子。由政府公布的人口、结婚与离婚、犯罪与违法行为等官方统计数据,似乎提供了某种精确研究社会生活的路径。对自然主义社会学的先驱(如涂尔干)来说,这些统计数据代表着硬核资料,凭借它们,现代社会的相关方面就能得到比缺乏这类数据的地方更为准确的分析。然而,官方统计数据并不只是社会活动的分析型特征,而且它们也会以建构的方式返回到对它们进行取样或统计的社会领域中。自有统计之日起,官方数据的编纂本身就成了国家权力和许多其他社会组织模式的构成因素。现代政府所实现的协调性行政控制,与对这些"官方数据"的例行监测是密不可分的,而所有的当代国家都进行这种监测。

收集和汇总官方统计数据本身就是一种自反性活动,其本身也被利用它们的社会科学研究的发现所渗透。例如,验尸官的实践活动当然是收集自杀统计数据的基础。但是,验尸官在解释死亡原因和动机时,又受着阐释自杀性质的概念和理论的指导。如果我们发现一位验尸官读过涂尔干的作品,那是不足为奇的。

官方统计数据所具有的自反性也并不局限在国家的层面。例如,今天西方国家任何一个准备结婚的人,都知道离婚率很高(而且,他或她也许还——哪怕很不全面地或部分地——知道更多关于婚姻和家庭的人口统计信息)。对高离婚率的了解可能会对结婚与否的最后决断产生影响,也许还会影响到其他相关的考虑,如关于财产的约定等等。此外,了解具体的离婚率比只是意识到有许多人离婚这一粗暴的事实重要得多。非专业人士在这里以社会学的思考方式将其理论化了。因此,几乎任何一个考虑婚姻的人,在家庭制度如何发生变化,以及男人和女人相对的社会地位和权力的变化、性风俗的变迁等问题上,都会形成一些观念,而所有这一切,又都会随着人们自反性地获取知识而产生进一步的变化。如果婚姻与家庭没有被全面“社会学化”和“心理学化”,它们就不会是今天这个样子了。

社会学话语以及其他社会科学的概念、理论和发现,不断地“循环穿梭”于它们所研究的学科之中。这些话语、概念、理论和发现以这样的方式自反性地重新建构着自己的研究对象,研究对象自身也学会了用社会学方式思考。现代性本身具有深刻和内在的社会学性质。对于作为社会生活专家知识供应者的专业社会学家来说,他们的立场所具有的很多问题都衍生自如下事实:相较于受过启发的非专业社会学实践者,他或者她最多仅仅领先一步而已。

因此,所谓人们越是了解有关社会生活的知识(即便这种知识已尽可能地得到了经验的证实),就等同于可以更好地控制自己的命运,不过是一个假命题。这种命题对于物理世界而言,也许是真的(但也值得争论),对于社会事件的领域则并非如此。除非社会生活能够完全从人类关于它的知识中分离出来,或者,除非这种关于社会生活的知识能够被源源不断地渗入到社会行动的理由之中,并且一步步增加与人们的特定需要相关的行为“理性化”程度,那么增加我们对社会世界的知识,也许才能促进我们更好地把握有关人类制度的更具有启发性的知识,因此也能提高对这些制度的"技术性"控制的程度。

事实上,上述两种令知识发挥作用的条件都确实适用于社会行动的许多情境和背景。但是,每一种情况又都未能达成启蒙思想的遗产所提出的整合性影响的目标。之所以会如此,是因为下述四类因素的影响。

第一类因素是权力分化(differential power)的影响。这在事实上十分重要,但从逻辑上说最不令人感兴趣,或者至少在分析掌握它时是最轻而易举的。知识的征用并不是以一种同质的方式实现的,而经常只能分化为有权者所用,并服务于局部的利益。

第二类因素涉及价值的作用。价值秩序的变迁并不独立于由对社会世界不断变化的视角所产生的认知倾向的革新。假如新的知识能够被施加于一种先验、理性的价值基础上,情况当然就不同了。但是这种理性的价值基础并不存在,并且,由于知识输入而导致的世界观变化与价值取向变化之间的关系,是变幻不定的。

第三类因素是未预期后果(unintended consequences)的影响。人们所积累的社会生活的知识再多,也不能完全覆盖知识运作所产生的所有情况,即使这种知识与其应用环境截然分离也不行。假如我们关于社会世界的知识确实变得越来越完善,那么未预期后果就有可能会越来越被限制住，我们不期望发生的后果就会越来越少。可是，现代社会生活的自反性阻断了这种可能性，其自身构成了第四类因素。尽管我们鲜少谈及它同启蒙理性的局限性的关系，但是它无疑与其他因素一样重要。问题的关键，不在于没有一个稳定的社会世界让我们去认识，而在于对这个世界的认识本身，就促成了世界的不稳定性和多变性。

现代性的自反性与系统化的自身知识的不断产生直接相关，但它并没有在专家知识和运用于非专业化行动的知识之间确立稳定的关系。专业观察者所宣称的知识（在某些部分，并且以许多不断变化的方式）重新进入到它所指涉的对象之中，从而（在原则上，但通常也在实践中）改变着它所指涉的对象。在自然科学中就不存在与此过程类似的情况——虽然在微观物理学领域中，观察者的干预也会改变正在被观察的对象，但是这与社会世界的情况是完全不同的。

现代性，还是后现代性？

行文至此，我们可以把对于自反性的讨论与关于后现代性的争论联系起来。人们经常把“后现代性”（post-modernity）当成后现代主义（post-modernism）、后工业社会（post-industrial society）等概念的同义词使用。尽管在（准确地说是）丹尼尔·贝尔的努力下，关于后工业社会的思想得到过很好的论述[1]，但是上面提到的另外两个概念肯定未得到过详细的阐述。在这里，我将指出它们之间的区别。如果说“后现代主义”一词确有所指的话，则最好还是把它看作文学、绘画、造型艺术和建筑领域的风格或运动。它指涉的是对现代性本质的审美自反。尽管有时阐述得相当含糊，现代主义（modernism）在（或曾经在）上述这些不同的领域中构成一种独特的观点，而且它可能已经被后现代主义变体的其他潮流所取代了（关于这个题目，可以另外写一本专著，在这里我就不再讨论了）。

后现代性，至少在我所下的定义中，则指涉着不同的东西。如果说我们正在进入后现代性的阶段，那就意味着社会发展的轨迹正在引导我们日益脱离现代性制度，并向一种新的不同的社会秩序转变。后现代主义，如果以一种有说服力的形式存在的话，可以说是对于这一转变的一种认识，但并不表明后现代主义是存在的。

后现代性通常指什么？除了在一般意义上指经历着一段与过去判然不同的时期外，这个术语通常还具有下列一种或多种含义：既然所有过往认识论的“基础”都被证明是不可靠的，那

[1] 丹尼尔·贝尔：《后工业社会的来临》（Daniel Bell, *The Coming of Post-Industrial Society*, London: Heinemann, 1974）。

么我们就无法怀抱着确定性认识任何事物；“历史”并不具有目的性，因此所有关于“进步”的看法都无法得到合理的辩护；随着生态问题和更一般意义上的新社会运动重要性的日益增加，一种新的社会政治议程逐渐形成。现如今，几乎无人将后现代性等同于它曾一度广泛流行的定义：用社会主义取代资本主义。考虑到马克思对历史的总体性看法，如今的我们能够将这种社会转型赶下中心舞台，正是推动当下对现代性之解体可能性的讨论的主要因素之一。

首先，让我们将下述说法抛诸脑后，不予认真对待：关于人类行动和社会发展趋势的系统性知识是不可能获得的。即使有人持有这样的观点（即便这样的观点并非才出现不久），也不大可能写出有关的专门论著来。唯一可能的做法是完全拒绝智性活动（甚至是“游戏式的解构”），并推崇（比方说）健康的体育活动。无论认识论的基础主义的缺场意味着什么，它所指的都不会是这样的主张。若要选取一个更具说服力的起点，我们可以看看尼采和海德格尔的“虚无主义”。虽然这两个哲学家之间存在着分歧，但是在有一点上他们是趋同的。两个人都把下述这样一种观点同现代性联系起来：“历史”可以被视作一种对于知识的理性基础的逐步式征用。按照他们的看法，这一观点可以用“克服”（overcoming）的概念来表述：在浩如烟海的知识中，新认知的形成可以被用来分辨什么是有价值的，什么是没有价值的。[1] 他们各自发现,既有必要使自己与启蒙运动的基本主张保持距离,但又无法找到一个制高点或更有理据的姿态去批评启蒙运动。因此,他们都抛弃了在启蒙运动对教条的批判中占据核心地位的“批判性克服”概念。

可是,无论是谁,试图将以上论述看作从现代性向后现代性的基本过渡(transition),都会面临巨大的困难。其中一个主要的反对观点既明白无误又尽人皆知。当我们把后现代性看作正在取代现代性,这一观点所诉求的似乎是(现在)被公认为不可能的事:确立历史的连贯性并明确指出我们在其中所处的位置。此外,如果尼采是将后现代性与现代性分离开来(一种被设想为今天正在发生的现象)的主要立论者,他怎么可能在近一个世纪以前就想象出了所有的这些现象?为什么尼采(他坦言,自己除了揭示出隐藏在启蒙主义背后的假定以外,并没有做更多的事情)能有如此重大突破?

我们很难拒不承认如下结论:与基础主义*的决裂是哲学理论中的一座重要分水岭,而这种决裂在19世纪中后期就已经初露端倪。但是,把它看成“现代性开始理解其自身”,而不是

① 比较詹尼·瓦蒂莫:《现代性的终结》(Gianni Vattimo, *The End of Modernity*, Cambridge, Eng.: Polity, 1988)。

* 基础主义(foundationalism),一种认识论观点,认为有些自明的真理和感官数据是基础信念,不需要其他信念的支撑,由此构成人类知识大厦的根基。但是有些信念需要从基础信念推演而来。——译注

对现代性的克服，肯定是言之有理的。[①] 我将给启蒙思想贴上神意论的标签，以此角度来解释启蒙主义。启蒙主义思想，以及一般意义上的西方文化，脱胎于强调目的论以及上帝恩赐之成就的宗教背景。很长时间以来，神意就是基督教理论的指导思想。如果没有这些先在的倾向，启蒙主义原本就几乎是不可能的。所以毫不奇怪的是，对不受束缚的理性的倡导并没有取代神的旨意，而是重塑出新的形式。一种类型的确定性（神的法则）只不过是被另一种类型的确定性（我们感官的确定性，经验观察的确定性）所取代，神意由此被神意论的进步形态所取代。再者，理性的神意论也与欧洲的世界霸权的兴起相一致。可以说，欧洲权力的增长从物质上支持了下述假说：新的世界观建立在一种牢固基础之上，这种基础既为人们提供了安全，也使人们从传统的教义中解放了出来。

然而从一开始，启蒙思想中就包含有虚无主义的种子。如果理性的范围完全不受束缚，就没有任何知识能够建立在毫无疑义的基础之上，因为即使是基础最为牢固的观念，也只能被看成是"原则上"有效的，或者说，"直到进一步的发现"出来以前，

① 有许多文献认为后现代性在一定程度上应被视作不过是现代性的延伸，其中较早的有弗兰克·克莫德：《现代主义种种》，载其《连续性》（Frank Kermode, "Modernisms", in his *Continuities*, London: Routledge, 1968）。最近的讨论可见哈尔·福斯特编写的《后现代文化》（Hal Foster ed., *Post-modern Culture*, London: Pluto, 1983）。

它们是有效的。否则,它们将倒退为教条,并且与负责裁定何为正确和合乎逻辑的理性相分离。尽管大多数人都把我们所能感受到的证据视作我们能够得到的最可靠信息,然而即使是早期的启蒙思想家,也曾清楚地意识到这样的"证据"从原则上来说就是很值得怀疑的。感知的数据永远不可能为知识断言提供确实可靠的基础。由于今天的人们更强烈地意识到理论范畴业已渗透进了我们的感官观察,因此哲学思想在总体上已经相当明显地背离了经验主义。此外,自尼采以来,我们更清楚地意识到了理性的自我循环,同样也意识到了知识和权力之间存有疑问的复杂关联。

与其说这些发展脉络带领我们"超越了现代性",还不如说它们帮助我们更为全面地理解了内在于现代性本身的自反性。不仅因为理性的自我循环,而且也因为这种循环的性质极其令人迷惑,所以现代性是令人不安的。我们怎么能够以理性之名为尊奉理性正名?矛盾的是,正是逻辑实证主义者,在致力于从理性思想中清除所有传统和教义的糟粕的过程中,最直接地遭遇了这个问题。现代性的核心竟是令人迷惑不解的,而且似乎也没有什么办法能够使我们"解除"这种迷惑。我们在曾经似乎有过答案的地方又遇到了新的问题,而且我将在下文中说明,并不只是哲学家才意识到了这一点。对这种现象的普遍意识慢慢地渗透到困扰每一个人的忧虑之中。

后现代性不仅与基础主义的终结相联系，而且也与“历史的终结”联系在一起。由于我已经在前面曾经提起过这一观念，这里没有必要再做详细的讨论。“历史”没有内在的形式，历史中也不存在总体性的目的论。历史可以用多元的方式书写，而不能参照所谓的阿基米德式支点（如“历史具有进化的方向”这样的观点）锚定下来。历史绝不能等于“历史性”（historicity），因为后者明显地与现代性制度相关联。马克思的历史唯物主义错误地将两者相等同，因此赋予历史发展一种错误的统一性，并且没能充分觉察现代性的特殊性质。这里具有争议的要点在列维-斯特劳斯和萨特的著名辩论中都有充分的涉及。[1] “运用历史来创造历史”，实质上是一种现代性现象，而不是一个可以适用于一切时代的普遍原理，它是现代性的自反性的一种版本。即使是用年代来记录历史变迁顺序的纪年历史，也是一种编码时间性的特殊方式。

在如何理解历史性方面，我们必须谨慎。它可以被定义为：利用过去来构筑现在，但是它并不依赖于对过去的尊重。与之相反，历史性意味着，对过去知识的运用是一种与过去决裂的手段，或者仅仅是为了保留那些在原则上被证明是合理的东西。[2]

---

① 克洛德·列维-斯特劳斯：《野性的思维》（Claude Levi-Strauss, *The Savage Mind*, Chicago: University of Chicago Press, 1966）。

② 比较汉斯·布鲁门伯格：《我们生活于其中的现实》（Hans Blumenberg, *Wirklichkeiten in denen wir leben*, Stuttgart: Reclam, 1981）。

实际上，历史性主要引导我们走向未来。未来被看成在本质上是开放的，并且，未来以一种反事实性的方式，以人们依据心中对于未来种种可能性的设想所采取的行动为先决条件。这是时空"延伸"(stretch)的一个重要方面，而正是现代性的种种条件使得这种时空延伸既有可能，也有必要。"未来学"(对较有可能的、稍可能的和可达成的未来的描绘)变得比描绘过去更加重要。前面所提到的每一种类型的脱嵌机制都带有这种未来导向。

与历史神意观的决裂、基础主义的解体，再加上反事实性的、未来导向的思想的出现，以及对由持续变迁带来的进步的"清除"，都与启蒙主义的核心理论大相径庭，它们已然证实了深远转变的发生。然而把它们都称为后现代性则是错误的，它妨碍着我们对它们的性质和含义做出准确的理解。随着传统与神意论的残余遭到清除，已经发生的断裂恰好应被视作现代思想自身清晰化的结果。我们不但还没有超越现代性，而且正在经历着它的激烈化阶段。

显然，欧洲或西方霸权的日渐衰落(其对立面则是现代制度在世界范围内的不断扩张)是现代性的激烈化所涉及的主要影响之一。自 19 世纪后半期以来，预言"西方的衰落"一直是某些学者重点关注的课题。在这样的背景下，"西方的衰落"这一短语通常意味着一种历史变迁的循环概念，现代文明据此被简单地看成先它而存在于世界其他地区的诸种文明中的一种区域性文明。文明有它们的青年期、成熟期和老年期，当它们被其他文明所取代时，全球权力的地区分布就开始发生变化。但是，根据我前面所提出的断裂论解释，现代性不只是诸种文明中的一种。西方对世界其他地区控制的日渐减弱，并不是因为最早诞生于西方的种种制度的影响力在逐渐减弱，反而是因为它们正在全球扩张。经济、政治和军事力量曾经给予西方最高权力，并且这种权力建立在现代性的四个制度性维度的结合之上（稍后我将讨论），如今它们却再也不能如此明白无误地把西方和其他国家区别开了。我们可以把这个过程解释为一种全球化——在社会科学的术语中，这是个必定会具有举足轻重之地位的概念。

那么，其他各组通常在这种或那种意义上与“后现代性”相关联的变迁又如何呢？比如新兴的社会运动？比如新生政治议程的出现？实际上，如后面我将表明的那样，这些都非常重要。但是，在针对它们而提出的各种理论和阐释中，我们必须谨慎地寻求我们的方法。我将把后现代性解析为对现代性的各种制度（后面将会对其加以区分）的脱离或“超越”而产生的一系列内在转变。我们目前还没有生活在后现代的社会世界之中，但是我们已经能够瞥见后现代性所孕育出来的不同于现代制度的生活方式和社会组织形式的缕缕微光。

沿着这样的分析思路,我们很容易发现,为什么现代性的激烈化会如此动荡不定,又如此意义重大。它最显著的特征——进化论的解体,历史目的论的消失,对现代全面透彻的构成性自反性的认识,以及西方特权地位的消亡——把我们带入到一个全新而纷乱的经验世界之中。如果说,这里的"我们"还仍然主要是指那些生活在西方——或者更确切地说,世界上已经实现工业化的地区——的人,那么现代性激烈化的影响已经能在世界的任何一个地方被感受到。

本部分概要

现在,我们应该总结一下到目前为止已经进行过的讨论了。前文区分了现代性动力机制的三种主要来源,其中每一种都与其他两种相关联:

时间和空间的分离。这是带来无限时空间离的条件;它提供了精确的时间和空间分区制的手段。

脱嵌机制的发展。它们使社会行动得以从地域化情境中"抽离出来",并跨越广阔的时间和空间的距离,重新组织社会关系。

对知识的自反性征用。关于社会生活的系统性知识的生产,成为系统之再生产的内在组成部分,从而将社会生活从传统的恒定性束缚中脱离出来。

把现代制度这三个方面的特性联系起来,有助于理解为什么生活在现代世界,犹如坐上一辆横冲直撞的主宰之车(后面我将更详细地讨论这一意象),而不像坐在一辆被小心翼翼地控制并熟练地驾驶的汽车之中。对知识的自反性征用本身既充满了活力,又必然不稳定,它的延展将巨大的时间和空间跨度囊括其中。脱嵌机制通过将社会关系从它们在特殊地域的"情境嵌入"中抽离出来,为这种延展提供了手段。

脱嵌机制可以概述如下:

象征符号和专家系统关乎信任,而信任与建立在"不充分的归纳性知识"之上的信心截然不同。

信任在具有风险的环境中运作,人们在不同的风险环境中能够实现不同程度的安全(防范危险)。

此处,信任与脱嵌之间的关系仍然是抽象的。后面我们必须考察信任、风险、安全和危险是怎样在现代性的条件下得到表达的。我们还必须考虑信任消解的情景,以及怎样才能更好地理解信任缺场的情况。

知识(在这里我们通常将它理解为"对知识的主张")被自反性地运用于社会活动时,会受到四类因素的渗透:

权力的分化。一些个人或团体比其他个人或团体更能得心应手地征用某些专门知识。

价值的作用。价值与经验知识是在相互影响的网络中彼此连接的。

未预期后果的影响。关于社会生活的知识超越了将知识用于变革性目的的人们的种种意图。

双向阐释过程中社会知识的循环。当知识被自反性地运用于系统再生产的条件下时，它会内在地改变它原初所指涉的环境。

接下来，我们将探寻自反性的这些特征的含义，探寻它们将给出现在当代社会世界中的信任和风险环境带来怎样的影响。

第二部分

现代性的制度性维度

前面我提到过，大多数社会学观点或理论有一种取向，会在现代社会中寻找某种单一且占主导地位的制度性关联：现代性诸制度究竟是资本主义的，还是工业主义的？时至今日，这个长期以来争论不休的问题也绝非没有意义。不过，这种争论被部分地建立在错误的前提之上，因为每一方都包含了一种化约论：要么把工业主义看作资本主义的子类型，或者正好相反。与上述化约论相反，我们应该把资本主义和工业主义看成现代性制度所包含的两个彼此不同的"组织集群"或维度。下面，我将对它们加以定义。

资本主义指的是一个商品生产的体系，它以资本的私人占有和无产者的雇佣劳动之间的关系为中心，正是这种关系构成了阶级体系的主轴线。资本主义企业依赖于面向竞争性市场的生产，在这里，价格对投资者、生产者和消费者来说都构成了信号。

工业主义的主要特征，则是在商品生产过程中对无生命的物质力量资源的利用，并且与以机械为核心的生产过程相结合。“机器”可以被定义为一种利用物质力量资源作为其运作方式，以此完成具体任务的人工制品。为了协调人的行为、机器、原材料的投入和产品的产出，工业主义预先设定了生产的规范化社会组织。我们不应该对工业主义的含义做过于狭窄的理解——如其在“工业革命”的源头所暗示我们的那样。“工业革命”为我们唤起燃煤与蒸汽动力的意象，伴之以巨大而沉重的机器在污秽不堪的作坊和工厂里叮当作响的景象。然而工业主义不仅适用于上述景象，也适用于将电作为唯一的动力源泉，将电子芯片作为唯一机械化设备的高科技情景。此外，工业主义不仅影响着工作场所，而且也影响着交通、通信和家庭生活。

一般而言，我们可以把**资本主义社会**看作现代社会的一种独特的子类型。资本主义社会是一个有着一系列特定制度特征的体系。第一，它的经济秩序包含上面提到过的那些特征。资本主义企业强烈的竞争与扩张性质意味着，技术创新总是具有持续性和普遍性。第二，这种社会的经济与其他社会领域（特别是政治制度）全然不同，或者说是彼此“隔离”的。由于经济领域总是保持着高频率的创新，经济关系对其他制度有很大的影响力。第三，政体与经济（可能采取各种变化的形式）的“隔离”是建立在生产方式的私有制的卓越性之上。（这里的私有制并不一定专指属于个人的企业主身份，而是更广泛的投资私有制。）资本的所有权直接与阶级体系中的“无产”现象（雇佣劳动的商品化）密切相关。第四，国家的自主性受制于（虽然并不以一种很强的方式决定于）它对资本积累的依赖，而国家还远远不能全面控制资本的积累。

但是，究竟为什么资本主义社会能构成单个社会呢？如果我们只是简单地按照其主要的制度安排，来描述资本主义的社会秩序的话，这个问题会变得无法回答。因为，由于资本主义所具有的扩张本性，其经济生活只在很少几个方面是局限于特定社会系统边界内的。从它产生之初，资本主义在规模上就是国际性的。资本主义社会之所以成为单个“社会”，只不过是因为它也是一个民族国家。在某些重要的方面，对民族国家的性质的解释和分析，必须与关于资本主义或工业主义性质的讨论区分开来进行。资本主义国家以及更一般意义上的现代国家的行政管理体系，必须从该体系对所能划定的领土边界施加的协调性控制来阐释。正如前面曾提到过的那样，没有哪个前现代国家的行为能够与民族国家发展出来的行政管理协调水平相提并论。

如此程度的行政集中化，反过来也依赖于民族国家大大超越于传统文明的监督（surveillance）能力的发展。而且，同资本主义和工业主义一样,监督机器成了与现代性兴起相关的第三个制度性维度。监督在这里指的是:在政治领域对被管辖人口的行为进行监管,尽管作为行政权力的基础,监督的重要性绝不只限于政治领域。监管可以是直接的(如福柯讨论过的许多例子,像监狱、学校以及开放的工作场所①),但监管更重要的特征是间接的,并且建立在对信息之控制的基础之上。

我们需要明确加以区分的现代性的第四个制度性维度是:对暴力工具的控制。军事力量始终是前现代文明的核心特征。然而在那些文明中,政治中心从来就不能长久地获得来自军方的稳固的支持,而且常常会典型地在自身领土内失去对暴力工具的垄断性控制。统治权威的军事力量依赖于它与地方诸侯或军阀的联盟,这些诸侯或军阀要么可以轻而易举地摆脱统治集团,要么干脆就直接向统治集团提出挑战。故而对现代国家来说,在明确的领土边界之内对暴力工具实行成功的垄断,就成了它们独具一格的特征。同样富有意义的是,现代国家与工业主义之间存在着特定关联,这使得工业主义得以渗透被现代国家所用的军事组织与武器。"战争的工业化"急剧地改变了战争的性质,使其进入了"全面战争"以及后来的核战时代。

克劳塞维茨是19世纪阐释战争与民族国家之间关系的杰

① 米歇尔·福柯:《规训与惩罚》(Michel Foucault, *Discipline and Punish*, London: Allen Lane, 1977)。

出学者，但事实上，当他论证其观点时，这些观点已经过时了。在克劳塞维茨看来，战争是另一种方式的外交：当国家之间就外交关系所进行的一般性谈判（或其他方式的说服和压制）失败时，人们就会动用战争的手段。[①] 全面战争弱化了战争作为一种政治工具的效果，因为交战双方所承受的痛苦往往远大于它们通过战争所能得到的外交收获。核战争的可能性使这一点变得更为彰显。

图一列出了现代性的四个基本的制度性维度以及它们之间的相互关系。

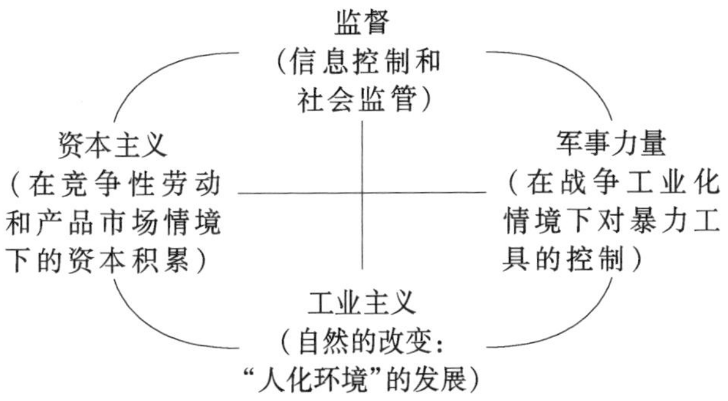

图一：现代性的制度性维度

让我们首先从左边开始。资本主义指在竞争性劳动与产品市场的背景下，从政治中脱离出来的经济。反过来，监督对同现

① 卡尔·冯·克劳塞维茨：《战争论》（Karl von Clausewitz, *On War*, London: Kegan Paul, 1908）。

代性的兴起相关的所有类型的组织来说都具有根本意义，特别是对在历史上与资本主义共同发展，并且在此过程中互相缠绕的民族国家来说，监督尤为重要。同样，在民族国家实施的监督行动与现代时期已经改变了性质的军事力量之间，也存在着密切的实质性关联。现代国家对暴力工具的成功垄断，有赖于用世俗手段对新型刑法法典的维系，以及对“越轨行为”的监督性控制。相对而言，军事则成了国家在公民权威方面所具有的内在霸权的相对遥远的后备力量，武装部队主要而言是“剑指外部”的，即针对其他国家。

沿着图一的线条再往下看，军事力量和工业主义之间也存在着直接的联系，一大表现便是战争的工业化。同样，在工业主义和资本主义之间也可以建立起一些清楚的联系，尽管人们在孰先孰后的问题上有分歧。对此，先前的讨论也已涉及了，这些联系相对来说更令人熟悉，并且也有大量文献可查。在现代性条件下，工业主义构成了人类与自然之间相互发生作用的主轴线。然而在大多数前现代文化中，甚至在那些强大前现代文明中，人类也多半把自己看成自然的延续。他们的生活与自然界的波动和难以捉摸的变化联系在一起：生存所依赖的自然资源的可获取性，庄稼的丰收与歉收，畜牧繁殖的多寡，以及自然灾害的冲击，等等。然而，由科学与技术的联盟所构筑起来的现代工业，却以过去世代所不能想象的方式改变着自然界。在全球的工业化地区（并且逐渐渗透到其他地方），人类开始生活在一种人化环境之中，这当然也是一种物质性的人类活动环境，但是它再也不仅仅是自然了。不仅人造的城市区域成为人化环境，就连大多数其他地区也都成了人类协调或控制的对象。

图一中的直线勾勒出了我们能够予以进一步分析的关联。例如，监督与工业主义的发展关系相当密切，并由此强化了工厂、制造厂和车间中的管理权。可是，与其继续上述思路，倒不如简短地（只能是非常简短地，因为论题本身太大）审视，在现代制度的发展过程中，不同的制度集群是怎样密切关联起来的。

这里我们能够赞同马克思的是，在把现代社会生活从传统世界的制度中分离出来的过程中，资本主义的企业扮演了十分重要的角色。由于竞争性的经济企业与普遍的商品化过程产生了联系，资本主义也就具有了强劲的内在动力。按照马克思所诊断的原因，资本主义的经济，无论是外部的还是内部的（无论是在民族国家管辖范围的内部还是在其外部），就其本性来说都是不稳定、永不安宁的。资本主义所有的经济再生产都是“扩大再生产”，因为其经济秩序不可能像过去大多数传统体系那样，维系在一种大致的静态平衡之中。诚如马克思所言，资本主义的出现先于工业主义的发展，而且的确为工业主义的产生提供了许多原动力。工业生产和与之相关的持续不断的技术革命，带来了效率更高和成本更为低廉的生产过程。劳动力的商品化是资本主义和工业主义之间一个特别重要的连接点，因为它使得“抽象劳动”得以直接被列入生产的技术设计之中。

抽象劳动力的发展也构筑了资本主义、工业主义和不断变化的对暴力工具的控制的本质之间的一个主要连接点。为了分析这一现象，我们可以再一次用上马克思富有价值的论述，尽管他自己并没有沿着这个亟待解决的问题方向明确地展开。[①] 在前现代国家中，阶级体系很少完全由经济划分：在某些情况下，具有剥削性质的阶级关系会通过使用或威胁使用暴力而得以维持。统治阶级能够通过直接掌握暴力工具（过去常常就是武士阶层）而运用这一力量。随着资本主义的产生，阶级统治的性质发生了实质性的变化。资本主义性质的劳动合同（在新生的阶级体系中成为焦点）涉及的是对抽象劳动的雇佣，而不是对“整个人身”的奴役（奴隶制），表现为一定比例的工作日（而不是强制劳动），或对劳动产品的占用（而不是什一税或实物税）。资本主义性质的劳动合同并不依赖于资本家直接拥有暴力工具，雇佣劳动名义上是自由的。因而，阶级关系被直接内化于资本主义生产的范围中，不再暴露于光天化日

① 吉登斯：《历史唯物主义的当代批判》，第 7 章。

之下,也不需要暴力的制裁。这一过程与国家对暴力工具的垄断性控制在历史上同时发生。暴力被“逐出”了劳动合同,并被集中到国家权威的手中。

如果说,资本主义是促进现代性制度加速发展与扩张的重要制度性因素之一,那么另一个重要因素就是民族国家。然而,不论国家的利益和资本主义的繁荣有时是多么的步调一致,民族国家和民族国家体系并不能由资本主义企业的兴起来解释。分布松散的后封建王国和公国秩序使欧洲区别于中央集权制农业帝国,而正是在这一基础上发生的大量突发性事件,铸成了民族国家的体系。现在正在向全世界扩张的现代性制度最初是一种西方特有的现象,并且受到上面提及的所有四个制度性维度的影响。在集中行政权力方面,民族国家远比传统国家高效,所以即使是相当小的民族国家,也都在动员社会和经济资源方面具有超过前现代体系的能力。资本主义生产,特别是在它与工业主义交会之后,在积累经济财富和增强军事力量方面带来了巨大的飞跃。所有这些因素的结合使西方的扩张看似是大势所趋。

在所有这些制度集群的背后,存在着前面所分析过的现代性动力机制的三种来源:时空间离、脱嵌机制和自反性。它们本身并不是制度类型,而是前文中提及的促成历史性变革的有利条件。没有这些条件,现代性从传统秩序中分离出来的过程就不可能如此激进，如此迅速，并横跨如此广阔的世界舞台。它们既涉及了现代性的制度性维度，又同时受到这些维度的制约。

现代性的全球化特性

现代性具有内在的全球化特性，这在现代制度的大多数基本特性方面，特别是在这些制度的脱嵌与自反性方面，表现得很明显。但是全球化的精确定义是什么？我们怎样才能更好地将这一现象概念化？本节将较为详尽地讨论这些问题，因为虽然如今全球化过程具有核心意义的重要性，但是社会学文献中对这一概念所展开的种种延伸讨论却与其重要性不相匹配。让我们从回忆前文提到的一些要点开始。社会学家对“社会”概念（在这里指一个有边界的体系）的过度依赖，应该被如下出发点所替代——集中关注时空间离的难题，分析社会生活秩序是怎样跨越时间和空间的。时空间离的概念框架把我们的注意力引向如下复杂的关系：现场卷入（共同在场的情境）与跨距离的互动（在场和缺场的连接）之间的关联。在现代，时空间离的水平比任何一个前现代时期都要高得多，使得发生在此地和异地的社会形式与事件之间的关系都相应地“延伸开来”。不同的社会情境或不同的地域之间的连接方式，构成了跨越整个地表的全球性网络，就此而论，全球化本质上指的就是这个延伸过程。

因此,全球化可以被定义为:全世界范围内的社会关系的强化,这种关系将彼此相距遥远的地域连接起来,使得此地所发生的事件受到遥远的异地事件的塑造,反之亦然。这是一个辩证的过程,因为此地发生的事件会朝着与塑造它们的间离关系相反的方向发展。地域性变革与跨越时间和空间的社会联系的横向延伸一样,都是全球化的组成部分。因此,今天无论是谁,无论他研究的是世界上什么地方的城市,他都会意识到,发生于本地社区里的某件事情,很可能会受到那些与该社区相距甚远的因素(如世界货币和全球商品市场)的影响。其结果并不必然是一组朝着同一方向前进的共通变革,而是会包含彼此相反的趋向。比如说,新加坡一块城市区域的日益繁荣,有可能通过一个复杂的全球性经济网络的作用,与匹兹堡附近社区的贫困相关联,原因就在于后者的产品在国际市场上缺乏竞争力。

在诸多例子中,我们可以再举一个例子:欧洲和其他地方兴起的地方民族主义。全球化的社会关系的发展,既有助于削弱与民族国家(或者是国家)相关的民族主义感情的某些方面,却也有可能增强更为地方化的民族主义情绪。在全球化进程不断加速进行的环境下,民族国家变得"对生活的大问题来说太小,对生活的小问题来说又太大"。[①] 在社会关系横向延伸的同

① 贝尔:《2013年的世界与美国》,载《代达罗斯》(Bell, "The World and the United States in 2013", in *Daedalus*, 1987),第116页。

时,我们也看到地方自治与地区文化认同的压力日益增强,并成为这一延伸过程的一部分。

两种理论视角

除马歇尔·麦克卢汉和少数几个作者外,对全球化的讨论主要出现在两类文献中,它们彼此之间很不相同。一类是国际关系研究的文献,另一类则是“世界体系理论”,尤其与伊曼纽尔·沃勒斯坦关系密切,并且比较接近马克思主义的立场。

致力于国际关系研究的理论专家向来特别关注民族国家体系的发展,他们会分析它在欧洲的起源,以及后来在世界范围的扩张。民族国家被当成主体行为者,在国际舞台上既彼此周旋,也与跨国组织(政府间组织和非国家组织)切磋往来。尽管这些文献呈现了各种理论立场,但是大多数作者在分析其全球化蔓延的时候,描绘的都是一幅相当类似的图景。[1] 按照这种观点,主权国家最初大多是作为一种独立的实体出现的,它在自己的疆域内大致具有全面的行政控制权。随着欧洲国家体系日益成熟,并发展成后来的全球性民族国家体系,国家间的相互依赖模式也日渐成形。这不仅体现在国际舞台上彼此相互关联的外

---

① 参见詹姆斯·N. 罗森索:《对全球相互依赖的研究》(James N. Rosenthau, *The Study of Global Interdependence*, London: Pinter, 1980)。

交关系中，而且也体现在政府间组织的萌生过程中。尽管时常被战争所打断，这些过程仍旧标志着一种迈向“大同世界”的总体运动。尽管今天几乎没有人期望在不久的将来会出现“世界国家”，而在20世纪早期曾有许多人预言它将成为一种真实的前景，国际关系文献依旧据此认为，民族国家在控制其自身事务方面逐渐变得不像它们过去那样大权独揽。

尽管上述观点并非完全谬误，但是我们必须指出，我们对它主要有以下几项保留意见。一则，它仅仅是覆盖了全球化（就我所希望使用的这个概念而言）的一个总体性维度：国家间的国际协作。把国家看作主体行为者在某些情形下的确有意义。可是，大多数研究国际关系的理论家并没有解释为什么这种用法具有意义；实际上，它仅仅在民族国家的情境中才是有意义的，而在那些前现代国家的情境中则并非如此。究其原因，我们必须回到前面讨论过的一个话题，即民族国家的行政权力的集中程度远比任何在其之前的政治实体都要高：在前民族国家时期，“政府”若宣称自己代表其所属的国家，由此与另一个“政府”谈判，这种说法相对而言没有什么意义。再则，如果我们把国家当作彼此联系且与国际舞台上其他组织相关联的主体行动者，就很难处理那些既不是国家间也不是国家以外而仅仅是跨越国家界限的社会关系。

上述研究方法更深层的缺陷，关乎它对民族国家体系日益增强的一体化的描述。在卷入民族国家体系(甚至包括欧洲的国家体系)之前,现代国家并未形成自己的主权,主权是与民族国家体系一同产生的。事实上,现代国家的主权首先依赖于国家间的关系,通过这种方式,每个国家(即使并非总是在实践中,至少也在原则上)认可其他国家在其境内的自主权。任何一个国家,不论其多么强大,它在实践中所拥有的主权都很难大于其法律原则所认定的限度。因此,就民族国家而言,过去的两个世纪并不是一个渐次失去主权的时代。论及此处,我们必须再一次认识到全球化所具有的辩证特征,以及不均衡发展的过程所产生的影响。由于联盟、战争或各种政治与经济变迁,当某些国家或国家集团失去主权时,经常伴随的结果是另一些国家或集团主权的增强。例如,尽管在过去的三十年中,全球性劳动分工加速发展,可能使得某些“古典”西方国家的主权控制力减弱了,但与此同时,某些远东国家(至少在某些方面)的主权控制力却增强了。

由于世界体系理论的立场与国际关系研究的立场区别如此之大,这两类文献彼此泾渭分明,也就丝毫不令人惊奇了。沃勒斯坦确实在理论上和经验分析上,对世界体系的论述做出了不少贡献。[①] 这里一个重要的事实是,他绕开了社会学家通常所热衷的“社会”概念,而更倾向于采用一种更具包容性的全球化

① 伊曼纽尔·沃勒斯坦:《现代世界体系》(Immanuel Wallerstein, *The Modern World System*, New York: Academic, 1974)。

关系概念去分析问题。他在分析自己所关注的现象时，也对现代时期和以前的时代做出了清晰的区分。他所说的“世界经济”是一种在地理上不断延伸的经济关系网络，虽然它先于现代时期就已经存在了，但是它明显有别于在过去三至四个世纪中发展起来的世界体系。早期的世界经济通常以庞大的帝国为中心，而且从来只局限于帝国权力所覆盖的地区。恰如沃勒斯坦所分析的那样，资本主义的诞生带来了一种全然不同的秩序，它第一次在跨度上展示出真正的全球性意义，并且这是一种更多地以经济而非政治权力为基础的“世界资本主义经济”。世界资本主义经济起源于16世纪至17世纪，它是通过商业和制造业的关联而不是通过政治中心才整合为一体的。确然，现代世界存在着以民族国家为主体的多个政治中心。现代世界体系分为三大组成部分：核心地区、半边缘地区和边缘地区，不过随着时间的流逝，这些地区的区域性分布也在改变。

根据沃勒斯坦的观点，早在现代的初期，资本主义就确立了它弥漫全球的势头：“从一开始，资本主义就是一种世界性经济而非民族国家的内部经济……资本绝不会允许民族国家的边界来限定自己的抱负。”[①]资本主义之所以具有如此巨大的全球

① 沃勒斯坦：《世界资本主义体系的兴起与未来的消亡：概念的比较分析》，载其《资本主义世界经济》(Wallerstein, “The Rise and Future Demise of the World Capitalist System: Concepts for Comparative Analysis”, in his *The Capitalist World Economy*, Cambridge, Eng.: Cambridge University Press, 1979)，第19页。

性影响，正是由于它是一种经济秩序，而不是一种政治秩序；它能够渗透到世界的边远地区，而最初产生资本主义经济的国家，则不可能完全将其纳入自身的政治影响之下。在某些情况下，对边远地区的殖民统治可以有助于强化经济扩张，但是这从来就不是资本主义企业全球性扩张的主要基础。在 20 世纪后期，原初形式的殖民主义已几近销声匿迹了，但是世界资本主义经济却继续在核心、半边缘和边缘地区制造着大量的不平衡。

沃勒斯坦成功地摆脱了正统社会学理论的某些限制，其中尤其引人注目的是，他摆脱了关注社会变迁的“内生模式”的明确倾向。但是他的著作也有不足之处。他仍然把现代社会的变革归结给一种占据支配地位的制度性关系：资本主义。正因为如此，世界体系理论密切地关注经济的影响，却很难对在国际关系理论家看来具有核心意义的如下现象做出令人满意的解释：民族国家和民族国家体系的兴起。此外，以经济标准来划分的核心、半边缘和边缘地区（这一区分的自身价值尚且存疑），并不能使我们真正理解权力的政治集中与军事集中，因为这种集中并非总是能与经济上的差异分化完全吻合。

全球化的诸维度

按照上文对现代性制度的四个维度的划分，我也将相应地把世界资本主义经济视作全球化的四个维度之一(见图二)。[1]民族国家体系是其第二个维度。如上文讨论所指出的那样,尽管它们以各种方式相互关联,然而每一维度都不能完全由另一个加以解释。

图二:全球化的诸维度

如果我们审视当下的现实,那么我们在什么意义上,可以说世界经济组织是受到资本主义经济机制支配的呢?许多考量都与对此问题的回答有关。世界经济的主要权力中心是资本主义国家,而这些国家以资本主义经济企业及其蕴含的阶级关系为主要生产方式。这些国家的本土和国外经济政策涉及许多经济活动的管理形式,但是正如我们所注意到的,它们的制度性组织维持着某种令经济“隔绝”于政治的形式。这就使得商业公司具有广阔的全球性活动范围,虽然这些公司总是把自己的总部设在某个特定国家,但是它们也总是可以在其他地方发展区域性参与。

① 本图及有关讨论是对《民族国家与暴力》第 277 页同类讨论的延续。

商业公司,特别是那些跨国公司,拥有巨大的经济权力,并具有影响总部所在国和其他国家政治决策的能力。今天,最大的跨国公司所拥有的财政预算,大于除少数几个国家以外的绝大多数国家的预算。但是在一些关键方面,它们的权力仍然不可能与国家的权力相抗衡——这里尤其重要的是领土因素和对暴力工具的控制。除了南北两极以外,地球表面上已经没有一块土地尚未被宣布为这个或那个国家的合法领土。所有现代国家都在自己的领土内或多或少地成功垄断了对于暴力工具的控制。而不论产业公司的经济权力有多大,它们都不是军事组织(虽然有的公司在殖民时期曾经是军事组织),它们不可能把自身建成统治着某一特定领土的政治和法律实体。

如果说民族国家是全球政治秩序中的主要“行动者”,那么公司就是世界经济中的主导能动者。在公司之间以及公司与国家和消费者的贸易关系中,公司(生产性公司、金融公司与银行)依赖牟利性生产。因而,公司影响的扩大带来了商品市场(包括货币市场)的全球性扩张。然而,即使在它的初始阶段,资本主义世界经济从来就不是商品和服务的单一市场。它曾经而且至今也还包含着阶级关系中劳动力的商品化,而这种商品化则将劳动者从对生产资料的控制中分离出来。这个过程无疑充满了全球性不平等的深意。

在世界“发达”地区内,所有的民族国家(无论是资本主义的还是国家社会主义的）都主要依赖工业生产来创造财富，并以此为基础获得税收收入。在整体的资本主义世界经济范围内，社会主义国家形成了某种“飞地”，其工业更直接地服从于政治命令。这些国家很难说是后资本主义的，但是资本主义市场对产品和劳动力之分配的影响却大大减弱了。西欧和东欧社会对发展的追求，不可避免地把经济利益推向这些国家在国际舞台上推行的政策的最前沿。但是，除了那些拘泥于历史唯物论的人外，我们大家都清楚，民族国家的实质参与并不完全受实际的或理论上的经济考虑的支配。无疑，全球政治秩序中任何一个特定国家的影响力，都要受到自身财富（以及财富与军事力量的关联）的严格限制。可是，正如汉斯·摩根索所强调的那样，国家的主权能力能够衍生出权力。[1] 它们不是作为经济机器而运作的，而是作为维护自己的领土主权，注重培育自身的民族文化，并且与其他国家和国家联盟有着战略性地缘政治关系的“行动者”而运作的。

民族国家体系早就已经参与到整个现代性自反性的特性中。源于我们业已指出的原因，主权的存在本身就应该被视作某种受到自反性监测的事物。在民族国家体系发展的早期，主权是与用“边境”（borders）取代“疆界”（frontiers）的现象相联系

---

① 汉斯·J. 摩根索：《国家间政治》（Hans. J. Morgenthau, *Politics Among Nations*, New York: Knopf, 1960）。

的：国家在其领土内所宣称的自治权，是通过其他国家对其边境的认可而得到承认的。正如前文所言，这是区分民族国家体系与前现代时期国家体系的一个主要因素，因为前现代时期很少有这种类型的自反性的秩序关系，而且“国际关系”概念在当时也可以说是毫无意义的。

全球化所具有的辩证性质之一，表现在以下两种倾向之间的“推和拉”：一方面是由诸国家（states）体系的自反性所固有的权力集中化倾向，另一方面则是各个国家所具有的维护其主权的倾向。因而，国家（countries）间的一致行动在某些方面会削弱涉及的国家（nations）各自的主权，然而通过其他方式而实现的权力联合，又在国家体系中增强了它们的影响力。同样的情况也可以从下面的两个情形中看出来：早期的议会在与战争交互作用的情况下，对国家边界所做的划定和再划定；或像联合国这样真正的全球性机构的运作。联合国的全球性影响（它仍然受到如下事实的决定性限制：不具有自己的领土，也没有控制暴力工具的特别途径），并不仅仅是通过削弱民族国家的主权而获得的，事情远比这要复杂得多。一个明显的例子就是“新兴国家”，即在从前的殖民地上建立起来的自治民族国家。反对殖民国家的武装斗争通常是劝使殖民者撤离的一个主要因素。但是，在把前殖民地变成具有受国际认可的边界的主权国家的过程中，联合国中所展开的辩论起到了关键的作用。无论这些新兴国家在经济上或军事上多么虚弱，同它们过去的情况比较，它们作为民族国家［或者在许多情况下，作为“国家民族”(state-nations)］出现本身，就标志着在争取主权方面，它们是净赢家。

全球化的第三个维度是世界军事秩序。为了阐明它的性质，我们必须对以下现象之间的关系进行分析：战争的工业化，军事组织的武器和技术从世界的一些地方向另一些地方的流动，以及国家间建立的同盟。军事同盟不一定意味着国家对自己境内的暴力工具的垄断做出让步，尽管在某种情况下它们当然也可以导致这种结果。

在探寻军事力量和国家主权之间的重叠时，我们又发现了前文曾提到的相反倾向之间的“推和拉”。在当前时期，军事上最发达的两个国家（美国和苏联）在真正意义上的全球范围内建立了军事同盟的两极体系。参与这些同盟的国家必然要接受针对打造自身独立军事战略机会的外部制约。只要驻扎在本国的美国和苏联军队按来自境外的命令行事，这些国家甚至可能在自己领土上失去对军事控制的完全垄断权。然而，由于现代武器大规模杀伤性能力，当今几乎所有的国家都拥有远远超过前现代文明中最强大的国家的军事力量。许多第三世界国家经济实力非常弱小，军事力量却很强大。从某种重要的意义上来说，在军备方面没有“第三世界”，而只有“第一世界”，因为大多数国家都储备了技术先进的武器，而且彻底实现了军事现代化，甚至拥有核武器也不再局限于发达国家了。

显然，军事力量的全球化不仅局限于军备和不同国家武装力量之间的联盟，它也关系到战争本身。两次世界大战已然证明，地区性冲突事件可能成为全球性参与的事件。在两次世界大战中，参战各方实际上来自世界各个地区，尽管更确切地说，第二次世界大战才是真正意义上世界范围内的现象。如同前面所提到的，在核武器时代，战争的工业化已经越过了临界点，它使得克劳塞维茨的主要教义的过时对每个人来说都显得再清楚不过了。[①] 除了在世界政治中可能具有的象征性价值以外，拥有核武器的唯一作用，就是威慑他人，令他们不敢使用它。

尽管这种局面可能导致拥有核武器的国家间战争的悬置（或者说，我们不得不这样希望），但它几乎不能阻止核武器国在自己的领土以外从事军事冒险。特别是两个超级大国，都在军事力量的边缘地区进行着可以被称为“精心布局的战争”。这里我指的是与他国政府或游击运动的军事冲突，或者二者兼而有之，在这些冲突中，超级大国的军队甚至根本不必登台亮相，但它们是背后主要的组织性影响力。

全球化的第四个维度关乎工业发展。这方面最明显的现

---

① 当然，克劳塞维茨是一位敏锐的思想家，对其思想的某些解读与当今现实仍旧是密切相关的。

象是全球性劳动分工的扩张,其中包括全球高度工业化与低度工业化地区之间的分化。现代工业内在地建立于劳动分工的基础之上,这种分工不仅体现在工作任务的层面上,而且还体现在世界各地区之间在工业类型、技术、原材料生产方面的地区专门化层面上。毫无疑问的是,第二次世界大战以来,劳动分工领域的全球性相互依赖大大扩展了。这有助于在世界范围内实现生产分布的转移,包括发达国家某些地区的去工业化(de-industrialisation)和第三世界中"新兴工业化国家"的出现。毋庸置疑的是,它也降低了许多国家(特别是高度工业化的国家)内部的经济霸权。由于全球性经济相互依赖的日益增强,资本主义国家要想如过去那样管理自己的经济已变得更加困难。这是当前在国民经济层次上,凯恩斯主义经济政策的影响日益减小的主要原因之一。

工业主义的全球化影响的主要特性之一,是机械技术在世界范围内的扩散。工业主义的影响并非仅仅局限于生产的范围,它也影响到日常生活的方方面面,影响到人类与物质环境互动的一般特性。

即使在那些仍然以农业为主的国家中,对现代技术的运用也大幅改变了人类社会组织与环境之间原先的关系。这体现在施用化肥、采用其他人工耕种方法,以及引进现代耕种机械等方面。然而,工业主义的传播已经在比上述所提及的更加负面和危险的意义上，创造出“同一个世界”：在这个世界上，存在着许多实际或潜在地具有危害性的生态变化，将会影响生活在这个星球上的每一个人。工业主义也决定性地制约着我们生活在这“同一个世界”中的感受。因为工业主义最重要的影响之一，就是通信技术的变革。

这一评论导向了全球化更深层和更重要的一个方面，它潜藏在我们上文曾提到过的各个制度性维度的背后，它也许可以被称作文化全球化。自从机械印刷术引入欧洲以来，通信方面的机械化技术剧烈地影响着全球化的所有方面。它们构成了现代性的自反性与断裂的一个重要方面，而正是自反性与断裂，将现代从传统中分离了出来。

在报纸开始大规模流通的早期，就有许多作者注意到媒体将产生的全球化影响。1892 年，一个评论家就曾写道，由于现代报纸的作用，如今边远乡村的居民对时事的知晓程度，已经超过了一百年前的首相。读报的村民“能够同时关心发生在智利的革命、东非的丛林战争、中国北方的屠杀和俄国的饥荒”。[①]

这里的要点不在于，人们偶然地获悉发生在世界各地的诸多事件，而放在以前，他们对这些事件几乎全然无知；这里的要点在于，如果没有以“新闻”为表现的知识集中化，现代性制度

① 马克斯·诺尔道：《堕落》（Max Nordau, *Degeneration*, New York: Fertig, 1968），第 39 页；原书初版于 1892 年。

的全球性扩张本来是不可能的。也许,比起一般性的文化意识层面,将这一点置于特定的情境中会更易于察觉。例如,当今的全球货币市场,就同彼此在空间上相距甚远的人们都能直接、同步地获取集中化信息密切相关。

第三部分

在现代性条件下，数量日众的人开始生活在脱嵌制度所构成的环境中，这些制度既能将地区化的实践与全球化的社会关系连接在一起，又组织着人们日常生活的主要方面。本书的余下部分将更仔细地考察信任的维系是怎样与这些现象相联系的，并同时将现代社会中的安全、风险和危险的问题提出来讨论。在前文中，我曾以抽象的方式将信任与时空间离联系在一起，但是现在我们必须在现代性的条件下思考信任关系的实质。如果就目前来说，全球化与该讨论的直接关系还不那么明显的话，我希望它将在后面显现出来。

为了进一步讨论，我们需要针对（并超出）业已阐发的表述做概念性的区分。

信任与现代性

首先，我想用再嵌入（re-embedding）的概念对脱嵌概念做出补充。所谓再嵌入,我指的是将已经脱嵌的社会关系做再征用或重新构造,以便使这些关系(不论是不是局部性的或暂时性的)嵌入地域性的时空条件。我还要对我称之为当面承诺和非当面承诺的两种概念做出区分。前者指的是在共同在场的情形中,由业已建立起来的社会关系所维系与表述的信任关系;后者则是指象征符号和专家系统(我把它们归为一类,统称为抽象体系)中信念的发展。我的总体观点是,所有脱嵌机制都与再嵌入的行动情境产生互动,而这些情境要么维护脱嵌机制,要么对它们产生损害;非当面承诺也以某种与此相似却模棱两可的方式与这些要求"当面"的情境产生关联。

我们可以从大家都很熟悉的一种社会学观察中,为这个讨论找到一个出发点:在现代生活中,每个人都会用大量时间与陌生人打交道。正如齐美尔所指出的,"陌生人"概念的意义随着现代性的到来而发生了变化。[①] 在前现代文化中,地方性社区总是更大的社会组织的基础,"陌生人"在这里指的是一类"具体的人":某个来自外部世界并且潜在地让人感到可疑的人。当然很可能存在许多因素,使这个从外部迁入某个小社区的人得不到这个社区内部成员的信任,甚至当他在这个小社区

① 齐美尔:《陌生人》,载其《社会学》(Simmel, "The Stranger", in his *Sociology*, Glencoe, Ill.: Free Press, 1969);另参见阿尔弗雷德·舒茨:《陌生人:一篇社会心理学论文》,载《美国社会学杂志》(Alfred Schutz, "The Stranger: An Essay in Social Psychology", in *American Journal of Sociology*, 1944),第49期。

居住了许多年以后,情况可能仍然没有改变。与此形成鲜明对照的是,在现代社会中,我们在与陌生人打交道时,不会以同过去相同的方式将陌生人视为一类“具体的人”而与之互动。尤其是在许多城市情境中,我们不断地与那些我们知之甚少或者从未见过的人互动,而且这种互动所采取的交往形式往往是转瞬即逝的。

戈夫曼认为,在现代社会活动的匿名背景中,构成日常生活的种种相遇(encounter)最初是由“礼貌性的不经意”(civil inattention)维系下来的。[①] 这种现象要求展示这种不经意的人具有复杂而高度熟练的自我管理能力,即使它看起来仅仅调用了最微弱的暗示和信号。在城市的人行道上,两个人相互靠近,又擦肩而过。还能有什么比这更平常,更不引人注意的呢? 甚至在任何一个城市区域内,这样的事一天就会发生上百万次。然而这里发生的事情,却将身体细微的管理同现代性的某些最普遍的特性联系起来。“不经意”所展示的不是冷漠(indifference)。更确切地说,它展示的是对可被称为礼貌的疏远(polite estrangement)的精细控制。当两个人彼此走近时,

① 埃尔文·戈夫曼:《公共场所的行为》(Erving Goffman, *Behavior in Public Places*, New York: Free Press, 1963)。更直接与此相关的论述,见阿兰·西尔弗:《社会和政治理论中的“信任”》,载杰拉尔德·D. 萨特尔斯与迈耶·扎尔德编:《对社会控制的挑战》(Alan Silver, "'Trust' in Social and Political Theory", in Gerald D. Suttles and Mayer N. Zald eds., *The Challenge of Social Control*, Norwood, N.J.: Ablex, 1985)。

每个人都急速地扫视一下对方的面孔，当擦肩而过时他们又都转移目光——戈夫曼把这称为相互“调暗灯光”。这短短一瞥，表示承认对方不仅是一个主体行动者，而且也可能会彼此相识。与他人的对视只是个短暂的瞬间，擦肩而过时却举目遥看前方，与之伴随的是对于他人不带敌意的含蓄确认。

由此观之，礼貌性的不经意之维系，是在公众场合与陌生人的常态化相遇中维持信任的非常一般性的先决条件。我们可以很容易地从其缺场或被破坏的情况下发现它究竟有多么重要。正如戈夫曼所注意的那样，过去美国南部的白人一向对出现在公众场合的黑人报以“仇恨的瞪视”，这是白人拒绝黑人参与白人日常的正统交往形式的一种反映。我们也能给出大致相反的例子：当一个人步行穿过一片混乱的街区，他会行色匆匆，整个行走过程都目不斜视，或偶尔偷偷斜视一眼，这两种行为都在试图避免与其他路人目光相接。缺乏对他人可能抱有的意图的基本信任，使得这个人回避与他人对视，因为这种目光有可能促成潜在的敌意行为。

在现代性情境下，礼貌性的不经意是人们在与陌生人相遇时秉持的最基本的当面承诺类型。它不仅包括人们对自身面部表情的使用，而且也包括他们在大街上、公共场所里、火车或汽车上，或者在正式的集会、晚会以及其他聚会上，对整个体态和姿势的微妙运用，由此释放出“你们可以信任我，我没有敌意”的信息。礼貌性的不经意是一种类似“背景音乐”的信任：它不是一种随意的声音集合，而是受到严格限定与控制的社会韵律。它具有戈夫曼所说的“非聚焦式互动”的特征。

“聚焦式互动”（或彼此相遇）的机制则是相当不同的。无论是与陌生人还是与熟人或者是密友的相遇，都包含与维持信任相关联的一般性实践。正如戈夫曼所说，对每一相关的个体而言，从礼貌性的不经意向开启彼此相遇的过渡，充满了不利的可能性。开启任何相遇所假定的基本信任，需要得到对“业已确立的可信任性”的感知和/或（常常是复杂形式的）非正式礼仪的维系的支撑。在与陌生人或熟人（曾经见过但并不熟知的人）的相遇中，信任、老练和权力之间维系着平衡。老练与礼仪是相互防范的手段，陌生人和熟人大都在实践意识* 的层面上，心知肚明地把它们当作一种隐含的社会接触方式予以使用。当权力分化尤为突出的时候，它能够毁掉或扭曲老练与礼仪的规范，也能毁掉或扭曲朋友与密友之间业已确立起来的可信任性的熟悉感。

对抽象体系的信任

关于彼此关系不亲密的人之间的相遇，我们还能就信任、老

* “实践意识”是吉登斯描述意识层的概念。在吉登斯看来，人的意识可以区分为三层：话语意识、实践意识和无意识。实践意识和话语意识的区别，在于后者能够被行动主体有条理地表述出来，而前者则只是他们知道如何行动并且也就如此行动了。——译注

练与权力的交织说上许多,不过在此我想更集中地关注可信任性(trustworthiness),尤其是它与象征符号和专家系统的关系。可信任性有两类。一类建立在彼此很熟悉的个人之间,他们基于长时间的互相了解,互相得出了大量的可信度证据,使得对方在彼此眼中是个可靠之人。脱嵌机制中的可信任性则有所不同,不过在这里,可依赖性仍然具有核心意义,而可信度证据也是存在的。在某些情况下,抽象体系中的信任完全不假定存在任何相遇(个人或团体以这样或那样的方式对其“负责”)。但是在多数情况下,个人和团体又确实是卷入其中的,我将把非专业人士与它们的相遇看作非专业人士得以进入抽象体系的接入点。抽象体系的接入点乃是当面承诺和非当面承诺的交会处。

我的一个基本论点是,现代性制度的本质与抽象体系中的信任机制(特别是对专家系统的信任)紧密相关。在现代性条件下,无论是从事物的普遍突发性的角度看,还是从关乎社会实践组织的知识自反性的角度看,未来总是开放的。现代性这种反事实性的、未来导向的特性,在很大程度上是由授予抽象体系(其本质早已被业已确立的专业知识的可信任性所渗透)的信任建构而成的。这里特别重要的是,我们要弄清楚上述论点所包含的意义。非专业人士对专家体系的依赖,不仅关系到如何对独立于人们的给定事件的世界产生安全感的问题(这是前现代世界的主要问题),而且更关系到风险与利益的计算,因为在现代性的情况下，专家知识不仅提供了算计风险和利益的方法，而且实际上通过对这一知识的持续自反性执行，**创造**（或者再造）了事件的世界。

这意味着在现代性的许多方面业已全球化的情势下，没有任何人能够选择完全置身于包含在现代制度中的抽象体系之外。就此而言，最明显的例证莫过于核战争和生态灾难的风险了。然而就我们大多数人所经历的大部分日常生活而言，我们的处境也以一种更为彻底的方式符合上述判断。无论是在原则上还是在实践上，前现代背景下的个人都可以忽略牧师、圣人或巫师的劝诫，也能按部就班地过好自己的日子。但是在现代世界，一旦涉及专家知识，事情就不会是这样了。

如是之故，以在接入点相遇的形态同专家或其代表或委托人实现的接触，在现代社会中就变得特别重要了。其重要性既得到了非专业的外行个体的普遍认可，也得到了抽象体系的操作者或输出者的普遍认可。这里包含了多种需要我们考量的要点。与专家系统之代表的相遇当然能够被常规化，而且它也很容易获得与友谊或亲密关系相关的可信任性的特征。例如，你长期光顾的全科医生、牙医或旅行社代理人便符合这一情形。然而，我们同抽象体系代理人的相遇比起上述情况更具有短暂性和临时性的特点。在我们与抽象体系的不规律相遇中，可依赖性的证据性标准必须得到特别仔细的拟定和保护，虽然这些标准在专业—非专业人士的全范围接触中也是有所体现的。

在抽象体系的接入点,将非专业人士接入信任关系的当面承诺,通常会表现出明白无误的可信任性与诚实性,并伴随有一种“习以为常”或镇定自若的态度。虽然每个人都意识到,信任实际上被置于抽象体系中,而非置于特定情境中“代表”体系的个人身上,但接入点本身仍然提醒我们,体系的操作者乃是有血有肉的(潜在地会犯错的)人。当面承诺倾向于在很大程度上依赖于体系代理人或操作者的素养。法官庄重的审思,医生严肃的专业素养,空乘人员刻板化的笑容,都可以归入这一类素养。所有的当事人都知道自己要求获得保障,而且是双重的保障:既有相关专业人士在素养方面的可依赖性的保障,又有非专业人士所无法有效知晓的(因而对他们来说必然是神秘的)知识和技能的保障。当人们所面临的危险清晰可感,而并非某种完全反事实性的风险时,习以为常的态度就特别重要。我们继续以航空旅行为例:在消除乘客的疑虑方面,空乘人员训练有素的随和与沉着稳健的笑容,很可能与用庞大的数据去证明空中飞行非常安全的统计公报,具有同等的重要性。

实际上,再次借用戈夫曼提出的两种概念,接入点的“前台”表现与“后台”表现之间总是得到严格的区分。我们在这里用不着对它何以如此,给出什么功能主义的“解释”。对前台与后台之边界的控制,正是专业化本质的一部分。为什么专家所做的大量事情要对外人隐而不露？一个非常直接的原因是，专业知识的操作常常需要很专门的环境，同样也要求一以贯之的精力专注，而这些在公众瞩目之下是很难做到的。但是，还有其他一些原因。专业知识与专家之间存在着区别，而这种区别是处于抽象体系接入点的人常常希望尽可能减少的。专家会因为曲解或忽视了他们本来应当掌握的知识而犯错。

前台与后台的泾渭分明强化了品行的意义：它已然成为一种手段，能够减轻技艺不精和难以避免的过错所带来的负面影响。假如病人对发生在病房里和手术台上的种种错误知根知底的话，他们就不会对医护人员如此深信不疑了。更深层的原因与抽象体系运作过程中的突发事件有关。没有什么技术能够精雕细琢到极致，也没有哪门专业知识能够包罗万象，偶然和厄运的因素总归还是要起作用。专家们通常相信，如果非专业人士察觉不到这些因素是如何经常性地出没于专家的工作之中，他们就会感到更加放心。

信任机制不仅与非专业人士和专家之间的联系相关，也与那些在抽象体系“内部”工作的人的活动相联。职业道德的准则（在某些情况下受到法律惩戒的管控）就构成了一种从内部管理同事或合作伙伴间的可信任性的手段。然而，即使对真心信奉他们所维系的抽象体系的人来说，当面承诺一般而言仍然是一种十分重要的产生持续可信任性的模式。因此，它构成了社会关系的再嵌入的一种类型。这里的再嵌入是一种将信任锚定于同事的可信任性和诚实性之上的手段。戴尔德丽·博登就表达出了这一点：

> 无论是日落大道上的网红午餐，还是嘴里问着“你打算什么时候到纽约来?”的商人，又或者横跨大陆只为在没有窗户的空调房间里朗读浓缩成十五分钟演讲的论文的学者，实际上都并不主要在关心美食、游客或学术。如古时候的士兵一样，他们需要看到同事以及敌人的眼白，他们需要重新确认，并且（更重要的是）更新信任的基础。[①]

正如以上引文所示，如此情境中的再嵌入将对抽象体系的信心与体系的自反性流动特质连接起来，并且也提供了维系同事般的可信任性的相遇和仪式。

我们可以在这里用简明扼要的形式，将上面这些要点概括如下：

---

① 戴尔德丽·博登：《论信任》(Deirdre Boden, “Papers on Trust”)，打印稿。我也参照了博登和哈维·莫洛奇：《被迫亲近》(Boden and Harvey Molotch, “The Compulsion of Proximity”, Dept.of Sociology, University of California, Santa Barbana)，打印稿。[引文中的“看到……的眼白”(to see the whites of the eyes of…)典出邦克山战役中威廉·普雷斯科特上校的名言：“看到他们的眼白再开枪！”个中缘由在于18世纪的枪械精度差，弹药又很紧缺，故需要敌人足够靠近才开枪。——译注]

信任关系对与现代性相关联的经过扩展的时空间离具有基础性的意义；

对体系的信任采用非当面承诺的形式，在这种形式中，非专业人士对维系信念的知识之运作几乎是无知的；

对个人的信任与当面承诺相关，我们在其中寻找着衡量他人在一定的活动领域内的诚实程度的指标；

再嵌入指的是用当面承诺维系或转变非当面承诺的过程；

在现代性的大规模匿名环境中，礼貌性的不经意是信任关系的一个根本方面。它是相遇的形成与消解过程中令人心安的背景"噪声"，而这些彼此相遇也有自身特定的信任机制，也是一种当面承诺的形式；

接入点是非专业个人或团体与抽象体系代理人之间的连接点。它们既是抽象体系的薄弱环节，又是信任得以维系或建立的交叉点。

信任与专业知识

迄今为止，我在第三部分所谈到的，都是信任如何在抽象体系中得到管理的问题，而不是回答"为什么大多数人，在大多数时候，会信任那些（以他们的技术知识而论）自己知之甚少或一无所知的实践和社会机制"的问题。这个问题可以用多种方式来回答。我们清楚地知道,在现代社会发展的初期阶段,人们适应某种新的社会实践(如专业化医疗形式的引入)时是怎样的不情愿。这里我们可以意识到,与此种信任相关的社会化是多么重要。在这里,正规教育过程中的“隐藏课程”的影响很可能起到了决定性的作用。在对孩子教授科学的过程中,我们传授给孩子们的东西不仅是技术发现的具体内容,更重要的是培育出更一般的社会态度,营造出对所有技术知识报以尊重的氛围。在大多数现代教育体系中,科学教育总是始于“第一原理”,知识在大体上被认为是不容置疑的。只有当一个人接受足够久的科学教育以后,她或他才有可能被带入具有争议性的议题领域,或者充分意识到科学中所有被宣布为知识的东西也有出错的可能性。

正是由于上述原因,科学长期以来保持着它作为可靠知识的形象,这种形象又容易导致一种尊重大部分形式的技术专长的态度。但是与此同时,非专业人士对科学和技术知识的态度一般而言又具有某种典型的矛盾心理。这种矛盾心理居于所有信任关系(无论是对抽象体系还是对个人的信任关系)的核心。因为,我们只有在无知的时候(无论是对技术专家所宣称的知识的无知,还是对我们所依赖的密友的想法和意图的无知),才有对信任的需要。然而无知也总是提供了怀疑(或者至少是审慎)的基础。普通大众说起科学和技术的专业知识,典型地会抱有敬重与敌视或畏惧交织的复杂心态,犹如他们所理解的呆板僵化的“科技人员”或疯狂科学家一样，既缺乏幽默感，又不了解普通人。人们常常是带着某种偏见去看待那些据称是由专门知识构筑起来的专业：专门知识恰似某种会员专属商店，其内部人员（比如律师或社会学家）所使用的专门术语仿佛是存心为了弄晕外人而发明出来的。

人们对抽象体系所持有的实用态度以怀疑或保留的态度为基础，它往往会与对技术知识的尊重并存。许多人在给予象征符号与专家系统信任的时候，似乎是在“与现代性讨价还价”。这种讨价还价的性质，受到尊重与怀疑、舒适与担忧的混杂心理的支配。尽管我们都不能完全逃脱现代性制度的影响，但是在实用性接受的态度下的广阔余地内，存在着（或者，在实实在在的矛盾心理下，共存着）多种导向的可能性。例如，某人为了避免饮用某地含氟的自来水，完全可以迁移到另一个地方居住，或者，他也可以饮用瓶装水而不喝管道自来水。但是如果他彻底拒绝使用管道自来水，那当然会是一种极端的态度。

信任不同于“不充分的归纳性知识”，但是信任所包含的信念并非总是需要假定某种有意识的承诺行动。在现代性条件下，对抽象体系的信任态度通常都会例行公事地被纳入日常行动的延续性中，并且在很大程度上被日常生活的内在环境所强化。因此，与其说信任是“向承诺的纵身一跃”，不如说它是在其他种种选择都在很大程度上被排斥在外的处境中对于处境的默示接受。不过,把这种情况仅仅看成一种被动性依赖,或不情愿地认可,也是完全错误的。对此我将在下文进一步讨论。

对特定抽象体系的信任或不信任的态度,很容易受到在抽象体系接入点的体验和(当然还有)知识更新的强烈影响;知识的更新经由通信媒体和其他途径同时提供给非专业人士和技术型专家,也使得上述两种态度也很容易受到知识更新的影响。接入点是非专业人士的怀疑主义态度与职业化的专业知识之间产生张力的地带,这一事实使得它们成为抽象体系公认的脆弱根源。在某些情况下,当某人在某个接入点(这里的技术尚处于较低水平)获得了令人不快的体验,这可能会使他决定退出自己作为非专业委托人搭建起来的关系。如果他发现自己雇来的"专家"反反复复地没能修好中央空调,他也许就会决定在学习有关基本技能后自行维修。在另外一些情况下,接入点的糟糕体验可能会导向某种听天由命式的玩世不恭态度,或者在可能的情况下彻底脱离某个抽象体系。* 当某人听信股票交易人

* 现代政府依赖于政治领导层与普通民众之间的一系列复杂信任关系。选举体系也许不应只被看成确保利益代表的工具,而且也应被看成政治家与广大民众之间制度化接入点的途径。选举宣言及其他宣传是表明政治家具有可信任性的方法,其中通常总带有大量的再嵌入:冲孩子们微笑,与大家握手,等等。对政治性专业知识的信任是一个自成一体的领域;不过既然关于这种信任关系已有大量分析,我在这里就不详细地讨论它了。可是,我们应该注意到,由于民族国家体系在全球范围的扩张,摆脱政治体系在今天几乎是不可能的。如果某个政府的政策特别压抑或令人厌恶,一个人当然可能离开这个国家,但是他只有通过进入另一个国家的边境,并服从其司法管辖,才有可能做到这一点。

的建议而购买某种股票却亏了本，他可能就会转而决定将现金存在银行有息户头上，甚至还可能下决心将来干脆以购买黄金的方式对其资产保值。但是，这个人很难完全摆脱货币体系，除非他决定尝试过一种自给自足式的贫困生活。

在更直接地讨论信任赖以建立或丧失的环境之前，我们必须就针对个人而不是体系的信任展开分析，以此来完结前面已有的讨论。这就把我们引向了与信任心理学有关的问题。

信任与本体性安全

信任的某些方面与人之个性的发展过程似乎对所有前现代和现代的文化都是适用的。在此我并不试图包罗这些范围甚广的内容，而是将注意力集中于信任同**本体性安全**（ontological security）之间的种种关联。本体性安全是我此前使用的广义的安全感术语[①]的一种形式，而且是非常重要的一种形式。本体性安全指的是，大多数人对其自我认同之连续性以及其四周的社会与物质的行动环境之恒常性所具有的信心。这是一种对人与物的可依赖性的感受，它对信任来说非常重要，并且对于本体性安全感具有基础性的意义；因此信任与本体性安全也就在心

① 吉登斯：《社会理论的核心问题》（Giddens, *Central Problems in Social Theory*, London: Macmillan, 1979）。

理上密切相关了。

本体性安全与“存在”(being)相关,或者借用现象学的话语,与“在世界中的存在”(being-in-the-world)相关。但这是一种情感的现象,而非认知的现象,而且植根于无意识之中。哲学家已经阐明,在认知的水平上,关于个人存在,我们很少有(如果有的话)能够确定的东西。这大概是现代性之自反性的一部分,但是它绝不仅仅局限于自反性在某个特定历史时期的运用。诸如“我确实存在吗?”“今天的我与昨天的我是同一个人吗?”“其他人真的存在着吗?”“当我转过身以后,我看到的在我面前的东西还在那里吗?”等问题是不可能用无法质疑的理性依据来回答的。

哲学家提出的是关于存在之本质的问题,但是我们可以想象,在他们日常的活动中,他们从本体性上并没有感到不安全,就此而论,他们与大众步调一致。但是对另外一小群人来说,他们看待人们无法确定地回答上述这类问题的方式就不再是一种智性上的焦虑,而是一种渗透了其诸多所作所为的深度不安,因此他们与大众是截然不同的。一个人若不能存在性地肯定自己是否有好几个自我,或者不能肯定他人是否真的存在,或者不能肯定他或她所感知的事物是否确实存在,他可能就完全不能像别人那样生活在同样的社会环境中。某些被认为患有精神疾病,特别是患有精神分裂症的特定类型的个体,就是以这类方式思考和行动的。①

可是,无论这类精神分裂行为还有怎样的表现,我们都很难把它们说成是心智缺失的表现,正如我们也很难把各种类型、轻重程度不一的焦虑状态说成是心智缺失的表现一样。假设某个人对于他人是否对自己心怀歹意总是抱有根深蒂固的苦闷。或者,某人总是担忧核战争有爆发的可能性,而且无法将对这种风险的担忧抛诸脑后。如果他们长期深受这类焦虑的困惑,那么"正常"人就会把他们的这类焦虑看成是非理性的。但是,这类感觉与其说是非理性的,不如说是情感过度敏感的结果。因为,在今天的世界,核战争作为一种固有的可能性确实一直存在着;而且,既然没人能够直接进入他人的思想,因此也就没人能够在逻辑上(而不是在情感上)绝对地肯定,他或她打交道的人并未心存歹念。

既然潜在的生存困扰如此之多,那么为什么并非每一个人都总是处于高度的本体性不安全状态中呢?在多数情况下,大多数人对于前述这类自我诘问式的问题所持有的安全感,根源于他们童年早期的某些特征性经历。我的观点是,"正常"个体在其童年生活中获得了基本"剂量"的信任,减弱或磨钝了他们的存在性敏感度(existential susceptibilities)。或者略微改变一

① R. D. 莱因:《分裂的自我》(R. D. Laing, *The Divided Self*, London: Tavistock, 1960)。

下比喻的方式,他们接受了一剂情感疫苗,能够抵御所有人都有可能感染的本体性焦虑。给他们接种疫苗的人是最初照料婴儿的人,对绝大多数人来说,这个人就是母亲。

埃里克·埃里克森(Erik Erikson)的著作包含了大量的洞见,有助于我们了解信任在儿童早期发育过程中的意义。他向我们表明,他称之为“基本信任”(basic trust)的东西处于持续性自我认同的中心。在讨论婴儿期的信任时,埃里克森呼吁人们注意必要的信念因素,对此我已经在前面提到过了。

他指出,虽然有些心理学家谈论过婴儿期的“信心”培育问题,但他倒更倾向于使用“信任”这个词,因为它显得“更为质朴”。此外,他进一步说道,信任不仅意味着“一个人学会了怎样依赖外在供养者所具有的同一性和连续性”,而且也意味着“人可以信任自己”。对他人的信任与内在可信任性的成形交互培育,这为后期稳固的自我认同奠定了基础。

因此,在婴儿还很小的时候,信任就已经暗含一种经验的交互性。婴儿逐渐学会依赖抚育人的关心和连贯性。与此同时,婴儿学会了必须以抚育人认为合适的方式来应对自己的需求,而且也明白了抚育人期望着孩子自身的行为具有可依赖性或可信任性。埃里克森指出,婴儿精神分裂症已经生动地证明,如果在孩子和抚育人之间没有建立起这种基本信任,孩子身上将会发生什么。如果缺乏常态化照料所包含的慈爱和关怀,幼儿就不会滋生出对于他人或他物的“真实性”(reality)的意识。异常举止或退缩行为所体现的是,孩子正在试图应对不确定的、带有敌意的环境;在这样的情况下,内在可信任性感受的缺失正好映射出外部世界的不可依赖性。

幼儿对于抚育人之爱的信念,正是基本信任(以及此后所有形式的信任)中所预设的向承诺纵身一跃的本质。

> 在照料孩子的过程中,家长基于其文化生活方式中普遍受信任的框架,用那种能够把针对婴儿个体需要的关怀与牢固的个人可信任性相结合的管控,在孩子心中滋养出信任感。这就在孩子身上构筑了认同感的基础,往后这种认同感将与“生活并无大碍”的感受,自己始终是自己的感受,以及自己要成为他人相信自己要成为的那类人的感受相结合……做父母的,不能只用禁止与允许的方式来引导孩子;他们必须以一种更深层的、一种几乎是身体力行的方式,让孩子们相信他们所做的事情是有意义的。从根本上说,孩子们如果变得神经质,那不是因为挫折本身,而是因为孩子们在挫折中感到社会意义的缺乏乃至丧失。
>
> 但是,即使在最好的情况下,这一阶段也会在儿童的精神生活中产生出(并且也将成为原型)内心分裂

> 感和对已逝天堂的普遍怀旧感。基本信任必须抵挡住这些对被剥夺、被分裂和被抛弃的感受的强有力结合,才能使信任在人的一生中得到维系。①

上述洞识虽然并非埃里克森所特有,却构成了精神分析思想中注重对象关系(object-relations)的学派所共同强调的重点。* 相似程度很高的观点也早已由温尼科特在其著作中提出。他认为,并非生理冲动的满足使婴儿"开始存在,开始感受到生活的真实性,并发现生活是值得的"。相反,对生活的这一心理取向是从婴儿与抚育人之间的关系中衍生出来的,而且,它也依赖于温尼科特所谓的双方之间的"潜在空间"(potential space)。潜在空间是产生于婴儿与抚育人之间的分离,它意味着行动的自主性、即将出现的自我认同感,以及对于"事物之现实性"的感受的凸显,它源于婴儿对家长角色的可依赖性的信任。温尼

① 所有引文均出自埃里克·H. 埃里克森:《幼年与社会》(Erik H. Erikson, *Childhood and Society*, Harmondsworth: Penguin, 1965),第 239—241 页。

* 同精神分析理论中的拉康派的观点相比,对象关系派的观点更适合这里所引出的讨论,虽然拉康(Lacan)的观点在当今的社会理论的某些领域中更有影响力。拉康的著作无疑意义重大,它有助于理解自我之脆弱与碎片化。然而,同更一般意义上的后结构主义理论一样,拉康的理论主要关注的只是分化的过程,但实际上,它又得到了指向整合与整体化的相反趋势的补充。对象关系理论具有较强的说服力,因为它分析了自我的内聚力是如何获得的,又如何与对外部世界的"真实性"的信心的确立相关联。我的观点是,这一方法是(或者,可以是)与维特根斯坦学派关于对象和事件所构成的世界的"给定性"(givenness)观点一致的,这后一观点认为,只有在身临其境的情况下,才能够体验到世界的这种"给定性",而且,它在本质上是难以用文字去表述的。

科特的理论恰恰表明,潜在空间其实是一种用语不当,因为它实际上指的正是婴儿容忍其抚育人在时间和空间上缺场的能力。①

因此,对于婴儿来说,缺场对于信任与即将出现的社会能力的交叉来说是很关键的。在信任的心理发展的核心地带,我们又发现了时空间离的问题。信任形成之初的一个基本特征,是信任抚育人还会回到自己身边。母亲的缺场并不代表失去关爱,当婴儿意识到这一点时,便确立起了对他人可依赖性(但同时还有自身独立性的体验)的感受,而这种感受对自我认同之连续感特别重要。所以,信任弥合了时间和空间上的距离感,因此也阻断了种种生存焦虑(existential anxieties),而如果我们听任这类焦虑发展定型的话,它们就有可能在情感与行为方面成为贯穿我们一生的苦闷之源。

戈夫曼在讨论风险时,以他惯有的敏锐谈到了这一点:

> 诗人和信徒一贯认为,如果一个人把他一生预定要虚度的大量年华同那些使他在这个世上骄傲与躁动的短暂时光做比较,他很可能会找出理由把自己的一

① D. W. 温尼科特:《游戏与现实》(D. W. Winnicott, *Playing and Reality*, Harmondsworth: Penguin, 1974),第 116—121 页。我要特别感谢特蕾莎·布伦南(Teresa Brennan)女士促使我注意温尼科特的对象关系理论,并且在更一般的意义上,感谢她对于本书的各个部分所提的建议。

> 生看作一部极其短暂的绝望之剧,其中每一秒都会因为虚度的时光而令他充满焦虑。的确,我们极度短暂的时光正在悄悄地流逝,但对此我们似乎只能屏住呼吸,听任时间一分一秒地过去。①

信任、本体性安全,以及对于事物和人之连续性的意识,在成年人的个性中仍旧是紧密关联的。将这一分析推进下去,对非人客体(nonhuman objects)之可依赖性的信任,则是基于对人类个体之可依赖性与养育的更原始的信任。对他人的信任是一种持久且反复出现的心理需要。从对他人的可依赖性与诚实性中所获得的确认,则是一种与我们所熟悉的社会和物质环境下的经验相伴而生的情感刻纹(regrooving)。本体性安全通过习惯的渗透作用与常规密切相连。通常情况下,婴儿早期的抚育人都特别看重遵循惯例,这既会让孩子遭受挫折,也会给他们带来褒奖。日常生活中那些(看起来)微不足道的惯例的可预测性,与心理上的安全感的关联十分密切。不管是因为什么原因,一旦此类惯例被打破,焦虑就会汹涌而至,即使是个体的某些非常稳固的个性,也有可能会丧失或改变。②

对惯例的依恋具有矛盾性,正如埃里克森指出的,这种矛盾

① 戈夫曼:《行为之所在》(Goffman, *Where the Action Is*, London: Allen lane, 1969)。
② 吉登斯:《社会理论的核心问题》。

性所表现出来的失落感，不可避免地构成了基本信任的一个组成部分。惯例在心理上是令人放松的，但是从一种重要的意义上来说，惯例又不是人们真正对它感到放松的一种对象。日常生活之惯例的延续性，只有通过卷入其中的当事人的连续不断的警惕（尽管几乎总是在实践意识水平上达成的）才能实现。伽芬克尔所做的“信任实验”（experiments with trust），正是为了证明个体与个体之间在不断地重新签订“契约”。[1] 这些实验生动地向我们证明，即便只是漠视日常谈话中那些看起来微不足道的东西，都有可能在情绪上给对话人造成烦扰。其结果便是，我们悬置了对他人（作为可靠且有能力的主体）的信任，而生存焦虑会以伤害、困惑、背叛、疑虑和敌意等感受形式汹涌而至。

伽芬克尔的论文以及其他人研究日常交谈和互动之细节的著作都有力地指出，在基本信任的构成中，人们学会的不仅仅是惯例、诚实与回报之间的相互关联。他们还在实践意识的层面上掌握了一套极其复杂的方法，这是一种抵御焦虑的持续性保护机制（尽管它充满了破碎与分裂的可能性），因为即使是与他人最不经心的相遇，也都有可能引起人们的焦虑。我们已经知道，礼貌性的不经意是一种在聚焦式互动之外的共同在场情景中“实现”信任的一般方

① 哈罗德·伽芬克尔：《将“信任”作为稳定协调活动之条件的概念化和实验》，载O. J. 哈维编：《动机与社会互动》（Harold Garfinkel，“A Conception of and Experiments with ‘trust’ as a Condition of Stable Concerted Action”，in O. J. Harvey ed.，*Motivation and Social Interaction*，New York：Ronald Press，1963）。

式。而在当面互动中，基本信任的维系是通过对目光凝视、身体姿势和手势，以及正统谈话习俗的长期监控得以完成的。

我在第三部分中所做的分析，将有机会简略地回答前面遗留下来的一个问题：信任的对立面是什么？很明显，在某些情况下，信任的缺场已然可以被定义为“不信任”(mistrust)：比如不信任抽象体系，或者不信任个人。当我们谈及某个行动者与某些特定系统和个人(或个人类型)的关系时，“不信任”的概念很适合用来描述这种关系。论及抽象体系，不信任意味着对抽象体系号称掌握的专业知识持怀疑或否定态度。论及个人，不信任则意味着怀疑或不相信他们的行动所体现或展示的诚实性。但是，当我们用“不信任”来指称与基本信任(在人与社会和物质环境之间的一整套关系中，它是一个关键的因素)相对立的概念时，它就显得太弱了。信任的建立恰恰是认同客体与个人的清晰身份的条件。如果基本信任没有得到建立，或者基本信任的内在矛盾没有得到抑制，那么结果便是生存焦虑会持续不断地存在。因此，从最深刻的意义上说，信任如果存在对立面，对其最准确的概括应该是一种生存焦虑(angst)或忧虑(dread)的心态。

前现代与现代

如果说信任的心理学特征有着普遍性或者近似普遍性的

话，那么，前现代文化中信任关系的条件就与现代世界中信任关系的条件存在着根本的差别。我们在这里必须要考虑的不只是信任，而且包括更广泛意义上信任与风险、安全与危险之间的关联。当然，试图将现代时期与前现代时期的整个社会秩序做一般化的比较，本身就是一件具有风险的事情。然而，尽管我们的分析势必会显得过于简化，但是现代性与前现代制度之间的断裂来势之猛，程度之强，本身又赋予这种比较以正当性。下文表一展现出我在区分信任环境与风险环境时所遵循的整体导向。

我们前面已经讨论过，所有前现代文化（包括那些庞大的农业文明）的时空间离水平相对现代性条件下的文化而言都较低。我们只有将前现代世界的本体性安全与信任的语境和风险或危险的形式联系起来，并将它们置于具体地点的地域性条件下，才能真正理解它。由于信任与缺场具有紧密的内在关联，所以它总是与跨越时间和空间去组织“可依赖的”互动的各种形式捆绑在一起。

在前现代文化中，有四类信任的地域性情境占据支配地位，然而在特定的社会秩序下，每一类情境又有着许多变化形式。信任的第一类情境是亲缘关系，在大多数前现代制度下，它是社会关系“群”（bundles）在时空条件下得以组织起来的一种相对稳定的模式。亲缘纽带通常是紧张关系与冲突的聚焦点。但

表一：前现代文化与现代文化中的信任环境和风险环境

前现代	现代
总情境：地域性信任具有极端重要性	总情境：为脱嵌的抽象体系赋予信任关系
信任环境： 1. 亲缘关系：是一种跨越时间与空间、具有稳定作用的社会纽带的组织手段； 2. 作为地点的地域性社区：为人们提供具有熟悉感的环境； 3. 宗教宇宙观：作为信仰和仪式性实践的模式，对人类生活和自然提供神意论解释； 4. 传统：作为联系现在和未来的手段；它在可逆转的时间中带有过去取向。	信任环境： 1. 友谊或性亲密的个人关系是具有稳定作用的社会纽带； 2. 抽象体系：能够跨越无限的时空距离，具有稳定作用的关系手段； 3. 未来导向的反事实性思维：作为连接过去与现在的模式。
风险环境： 1. 来自自然的威胁和危险，诸如传染病的流行、气候的不可依赖性、洪水或其他自然灾害； 2. 来自掠夺成性的军队、地方军阀、土匪或强盗等人类暴力的威胁； 3. 失去宗教恩典或受到邪恶巫术影响的风险。	风险环境： 1. 由现代性的自反性释放的威胁和危险； 2. 来自战争工业化的人类暴力的威胁； 3. 个人之无意义的威胁，源于将现代性的自反性运用于自身。

是，无论亲缘关系造成了多少冲突并引起了多少焦虑，它仍然是人们在时空领域内构建起行动时可以依赖的一种普遍存在的纽带。这一点，无论是在非个人化的关系层次上，还是更加个人化

的关系层次上看都是如此。换句话说，不管你的亲戚是否同情你的处境，你通常都可以（在不同程度上）依赖亲戚去承担一系列义务。此外，亲缘关系的确经常能跨越时间与空间，提供一种具有稳定作用的友善或亲密的关系网络。总体来说，亲缘关系所提供的，是一系列可依赖的社会关系网络，它们既在原则上也（常常）在实践上构成了信任关系的组织媒介。

许多同样的论述也适用于地域性社区。这里我们应当避免那些把社区浪漫化的观点，因为当我们将传统文化与现代文化做比较的时候，这种浪漫化观点经常会在社会分析中浮现。我指出这一点的意思是想要强调，在这个地点本身还没有被间离的时空关系所转变的时代，以地点（place）的方式组织起来的地域化关系的重要性。在绝大多数前现代情境下，包括在大多数前现代城市中，当地的具体环境是大量相互交织的社会关系聚集的场所，它在空间上的低跨度带来了跨越时间的高度凝聚力。在前现代时期，虽然迁移、游牧以及商人和冒险家的长距离奔波已然是较为平常的事，但是同现代交通工具所提供的恒常而密集的流动形式（以及意识到世上还存在着其他生活方式）比较起来，前现代的绝大多数人口则处于相对固定和隔绝的状态。前现代情境中的地域性既是本体性安全的聚焦点，也有助于本体性安全的达成，但是在现代性条件下，地域性的这些属性实际上已经被消解掉了。

第三种影响是宗教宇宙观。宗教信仰可以成为极端焦虑或绝望的源泉,其影响之大使得它必须被视作许多前现代环境中(人们所经历的)风险和危险的主要参数之一。但是在其他方面,宗教宇宙观也在伦理与实践方面对个人和社会生活(还有对自然界)提供解释,这些解释向信徒所描绘的是一个令人感到安全的环境。基督教神祇命令我们:"信任我吧,因为我是唯一真正的上帝。"然而,尽管对超自然存在(或力量)的信念是在其他方面有所不同的宗教信仰的共同特征,但是大多数宗教并不(像基督教一般)是一神教。宗教在许多方面都构成了信任的组织媒介。不仅诸神与宗教力量提供了可供依赖的神意支持,连神职人员也有这样的作用。最重要的是,宗教信仰将可依赖性注入到事件与环境的体验之中,并且构筑起一个使这些体验能够得到解释和回应的框架。

正如我对前现代秩序下其他信任情境的分析一样,我对宗教的分析强调了它是一种使人对社会和自然事件产生出可依赖性感受的东西,因而它对弥合时间与空间也起到重要贡献。宗教在心理上可能确实与地方名士及其力量所代表的信任机制相关联,这种关联甚至直接表现出人们对家长角色的信任(或这种信任的缺失)。弗洛伊德对此也有类似的看法[1],而且许

---

① 西格蒙德·弗洛伊德:《幻象的未来》(Sigmund Freud, *The Future of An Illusion*, London: Hogarth, 1962)。

多其他受精神分析影响的作者也首肯了这一点。埃里克森就是其中之一,他曾指出,信任所预设的“信念”首先被投射到婴儿的抚育人身上,而有组织的宗教对这种信念提供了“制度性的保护”。

> 事实上,源于照料的信任,正是任一宗教之**现实性**的试金石。所有的宗教都有一个共同点,它们会像孩子般周期性地拜伏在一个或多个施予凡人尘世命运与精神健康的供养者跟前……(并且)都提出了如下洞见:个体信任必须变成一种共同信念,个体不信任必须成为一种共同形成的罪恶,个人恢复信念必须成为有许多人参与的仪式性实践,而且也必须成为社区可信任性的一种标志。①

即使考虑到世界上各类宗教之间存在的巨大差异,我们也很难抵挡这样的结论:上述观点中确有合理之处。不过,我希望引发出来的立场并不主要依赖于这些观点。

前现代文化中信任关系的第四个主要情境是传统本身。传统与宗教不同,它并不特指任何信仰与实践的实体,却是一种将

① 埃里克森:《幼年与社会》,第 242 页。

信仰(特别是与时间相关的信仰)与实践组织起来的方式。传统所体现的是一种构造时间性的独特模式(当然也直接意味着跨越空间的行动)。列维-斯特劳斯的“可逆性时间”(reversible time)概念,对理解传统信仰与活动的时间性极为重要。可逆性时间是不断重复的时间性,受到重复性的逻辑(过去是组织未来的手段)所支配。过去导向是传统的一大特性,但传统与现代性的区别,并不仅仅在于它面向过去而非展望未来(事实上,这样来表述两者的差异未免太过粗糙了);相反,无论是“过去”还是“未来”,都不是与(例如在现代性视野下的)“连续性现在”相分离的孤立现象。过去的时间被融入到现在的实践中,而伸向未来的地平线也会折返回来,与过去彼此交错。

传统即是惯例,但它内在地充满了意义,而不仅仅是一个为习惯而习惯的空壳。时间和空间不会随现代性的发展而变成空洞无物的维度,而是脉络相连地存在于活生生的行动的本质之中。惯例性活动的意义既体现在一般意义上对传统的尊重,乃至内在于传统的崇敬上,也体现在传统与仪式的紧密联系上。仪式常常具有强制性,但它又是令人深感安慰的,因为它为一整套实践注入圣典的性质。总的来说,传统在过去、现在与未来之间的连续性中维系了信任,并将其与惯例化的社会实践联系起来,就此而言,传统以一种基础性的方式对本体性安全做出了贡献。

如此具体展示前现代文化中的各种信任情境,并不是要说明传统的环境是一座心理上令人感到舒适的避风港,而现代环境则不然。我将试图说明,基于某些原因,现代社会中某些特定领域的本体性不安全水平确实要比大多数前现代社会生活环境中的高。然而,一般来说,传统文化环境中也充满了焦虑和不确定性。我将这些焦虑与不确定性统称为具有前现代世界特点的风险环境。

传统文化的风险环境由物质世界的种种危险所主宰。霍布斯的著名观点是:在自然状况下,人类生命是“肮脏、野蛮和短暂的”。如果我们把它视作对前现代社会条件下许多人的真实生活环境的写照,它也并非是不准确的。用现代标准衡量,当时的婴儿死亡率和妇女生育时的死亡率都极高。对那些有幸度过童年时代的人来说,人均寿命仍然相当低,许多人还得忍受慢性病的折磨,并容易受到各种传染病的侵袭。有证据表明,与生活在前现代社会大型定居社区和城市区域的人相比,狩猎者和采集者(特别是生活在自然资源丰富地区的人)反而比较不容易患上传染性疾病,但即使是他们也难以逃脱前现代时期的各种地方性流行病的侵扰。[1] 所有类型的前现代社会秩序都会受到

① 唐纳德·L. 帕特里克与格拉汉姆·斯卡姆布勒编:《应用于医学的社会学》(Donald L. Patrick and Graham Scambler eds., *Sociology as Applied to Medicine*, New York: Macmillan, 1982)。

变化无常的气候的剧烈影响，它们往往无力抵御洪水、风暴、过量降雨或大旱等自然灾害的影响。

说完与物质世界相关的社会生活不稳定性，我们还必须补充的是，人类对暴力的滥用也是前现代社会不安全的更深层次的源泉。在这一方面，大型前现代社会的秩序与现代社会的秩序之间存在着重大的差异。狩猎和采集文化的内部以及彼此之间的暴力水平一般来说都相当低，并且它们也还没有职业化的军人。随着武装军人的出现，情况就完全不同了。大多数农业国家都直接建立在军事力量的基础之上。然而，正如前文曾经提到过的，在这类国家中，统治集团对暴力工具控制的垄断总是不彻底的。这些国家从来就不能像现代民族国家那样在内部实现和平稳定。绝大多数群体都承受着入侵军队、抢劫集团、地方军阀、土匪、强盗或海盗的暴力或暴力威胁，很少有人能在较长的时段里感到安全。由于存在着被袭击或被抢劫的风险，现代城市环境仍然被认为充满了危险。但是，同许多前现代环境比较起来，这种暴力的水平不仅特别低；而且这样的城市环境在广大领土范围内仅有零星的分布，而现代世界免于身体暴力的安全程度已经远远超过同样地域范畴的传统世界所可能实现的安全程度。

最后，我们还必须对宗教的双重影响给予特别的关注。如果宗教的信仰和实践通常能为人们提供躲避日常生活中种种苦难的避难所的话，那么，正如我们业已指出的那样，它们也会成为焦虑和精神忧郁的内在源泉。部分原因在于，宗教已经渗透到社会生活的许多方面——例如，自然界的威胁和危险就可以用宗教的编码与象征来感受；但是更主要的原因在于，宗教通常在心理上是潜在的生存焦虑之所在。当然，宗教在心理上所造成的恐惧究竟有多深，这毫无疑问总是因时因地而异的。也许，韦伯笔下“救世宗教”型的宗教信仰与实践的种种形式，最易于将生存恐惧带入日常生活，其威力所至，造成了今世原罪与来世拯救的许诺之间的张力。

随着现代社会制度的发展，信任与风险、安全与危险之间的平衡仍然存续着。但是，这里所包含的主要因素已经与前现代时期占支配地位的因素截然不同。在现代性条件下，如同在所有的文化背景下一样，人类的种种活动仍然处在语境和情境之中。但是，现代性的三大动力机制（时间与空间的分离、脱嵌机制和制度性自反性）的影响将信任关系的基本形式从地域性情境中解脱了出来。

上述四种前现代条件下的信任和本体性安全的主要聚焦点，在现代性条件下都不再具有与过去相当的重要性。对绝大多数人来说，亲缘关系仍然是重要的，特别在核心家庭中更是如此，但是它们不再是跨越时空的、高度组织化的社会纽带的载体了。尽管我们必须带着谨慎的目光去看待现代性使家庭衰落的命题,尽管事实上某些地域性环境仍然是权利和义务的亲缘网络的实质性中枢,但是上述论点的力度仍然是无可争辩的。

在前现代条件下,地点曾经拥有首要的意义,但它在很大程度上被脱嵌机制与时空间离给消解掉了。地点变得令人捉摸不定,因为使地点得以建构起来的结构本身,再也不是在地域性意义上被组织起来的了。换言之,地域性已密不可分地与全球性交织在一起。人们对某些地点的密切依恋与认同仍然存在着,但是这些依恋和认同已经被脱嵌出来了:它们不仅表达了以地域为基础的实践和参与,而且也受到日益增多的远距离影响。例如,即便是社区邻里中最小的杂货店,很可能也有来自世界各地的商品。地域性社区不再仅仅是一个浸透着为人们所熟悉的毋庸置疑的意义的环境,而在很大程度上是对间离关系的地域性情境的表现。所有生活在现代社会的不同场域的人都能意识到这一点。个体因为对地点的熟知而体验到的安全感,既依赖脱嵌关系的稳定形式,也依赖地域之特殊性。如果一个人选择在当地的超市购物,而不是去街道拐角上的小副食店,我们就会更明显地看出这一点,但这种区别并不是根本性的。[①]

① 参见乔舒亚·梅罗维茨:《地点的无意识》(Joshua Meyrowitz, *No Sense of Place*, Oxford: Oxford University Press, 1985);罗伯特·D. 萨克:《消费者世界:作为情境的地点》,载《美国地理学家协会年刊》(Robert D. Sack, "The Consumer's World: Place as Context", in *Annals of the Association of American Geographers*, 1988),第78期。

各种社会科学的文献经常都有关于宗教与传统之影响是如何日渐衰落的讨论，因此我们只需简要地提及就行了。世俗化毫无疑问是一个复杂的问题，它似乎并没有导致宗教思想和活动的完全消失，也许这是由于宗教构成了我们前文所述的生存问题的支点。然而，现代社会生活的绝大多数情境显然与此前全面渗透日常生活的宗教并不相容。宗教宇宙观被自反性地组织起来的知识所取代，后者受经验观察和逻辑思考的支配，并且关注的是物质技术与应用于社会的准则。宗教与传统总是密切相连，而现代社会生活的自反性与传统直接对立，它对传统的削弱，甚至比对宗教更为彻底。

前现代的“风险环境”同样也经历了变革。在现代性条件下，我们面对的危险再也不主要来自自然界了。当然，飓风、地震以及其他自然灾害仍然在发生。但是就我们与物质世界的基本关系来说，我们的处境已经与从前时代的情况完全不同了，而在全球已经实现工业化的地区就更是如此。粗略一看，我们今天所面对的生态危险似乎与前现代时期的自然灾害相类似。然而，一比较差异就非常明显了。生态威胁是由经社会组织起来的知识，通过工业主义对物质世界的影响而造成的结果。它们就是我所说的，由于现代性的到来而引入的新风险景象（risk profile）的一部分。我用风险景象来指代现代社会生活所特有的威胁或危险复合景象。

军事暴力的威胁也仍然是现代性的风险景象的一部分。但是,随着与战争相关的暴力工具的控制权性质的改变,军事暴力已经发生了实质性变化。我们今天生活在一个全球化的军事秩序之下,而由于战争的工业化,现在已扩散到全世界的大规模杀伤性武器具有史无前例的毁灭性力量。核冲突的可能性所造成的危险,是以前世世代代的人从未面临过的。然而,这种事态与国家内部的和平进程并行不悖。今天,内战虽然还不至于闻所未闻,但对发达国家而言已是很罕有的现象了;而在前现代时期,至少在国家组织成形之初,类似内战的事件(如军事力量的分立,同时还经常伴随着冲突)倒更像是司空见惯而非例外的事情。

与本体性安全的体验相关的风险与危险,已然同社会生活的大多数方面一样世俗化了。这个主要由人造风险所构筑的世界,几乎没有为神灵的影响留有一席之地,也没有为宇宙力量或精灵的巫术慰藉留下什么活动的余地。对现代性而言,最关键的一点在于,风险在原则上是可以用有关潜在危险的可归纳知识去估算的。在这样的视野下,关于命运的观念在大多数时候只能以迷信的边缘化形式残存下来。当风险被认作风险之时,人们对风险的体验就截然不同于命运观念主宰环境之时。承认一种或一系列风险的存在,不仅意味着接受事情有出错的可能性,也意味着承认这种可能性是不能被排除的。这一处境的现象学正是现代性的一般性文化体验的一部分,对此,我将在后面做更详细的讨论。可是,即便传统宗教的控制变得松弛,有关命运的种种概念也并不会完全消失。确切地说,正是风险最大的时候(无论是已经意识到令人不快的事件很有可能会发生,还是一旦某个既定事件出错,毁灭性的结局就会接踵而至),命运就最容易重出江湖。

第四部分

抽象体系与亲密关系的变革

抽象体系在日常生活中为我们提供了大量前现代秩序所缺乏的安全。一个人在伦敦登上飞机，十个小时后就能到达洛杉矶，他会确信这次旅行不仅将会是安全的，而且飞机将在很靠近既定的时间到达目的地。虽然乘客对洛杉矶在世界地图上的位置只有一个大致的概念，但他只需为这趟旅行做最低限度的准备（获取护照、签证、机票和钱）就行了，而用不着具备实际飞行路线的知识。乘坐飞机需要大量的“相关”知识，这些知识从专家系统过滤而来，进入到非专业人士的话语与行动中去。一个人必须知道什么是飞机场，什么是机票，此外还需要知道许多其他东西。但是飞行本身的安全性，并不取决于旅客对于使飞行成为可能的技术性知识的掌握。

我们不妨将它同三四百年前经历相同路程的冒险家的旅

行相比较。人们会发现，尽管这位冒险家可能已经算是“专家”了，但他对自己将要去的地方也许仍然知之甚少，而且“旅行”（traveling）这个观念本身听起来就相当莫名其妙。那时的旅途充满了危险，遇到灾难和死亡的风险极大。只有体格健壮、韧性十足且具备与旅行相关的技能的人才会踏上旅途。

当一个人从银行取钱或存款，随意地打开一盏灯或水龙头，寄一封信或者打一通电话，她或他都会隐约地意识到，在现代社会生活的背后存在着大量安全的、协调一致的活动和事件，使得现代社会生活成为可能。当然生活中也会出现各种各样的事故和问题，并引发怀疑甚至对抗的态度，从而使某些个人远离某一或某些抽象体系。但是在大多数时候，人们以理所当然的态度将日常活动接入抽象体系，这构成了抽象体系有效性的证据，而抽象体系正是借此得以（在对抽象体系有所期待的情境下——因为它们实际上也会导致许多未预期的后果）运作下去。

对抽象体系的信任既是时空间离的条件，也是现代制度（较之传统世界）能够在日常生活中为我们提供大面积的安全性的条件。在现代性的条件下，与抽象体系相整合的惯例对本体性安全具有关键性的意义。然而，这种情境也催生出新型的心理脆弱，而对抽象体系的信任也无法像对个人的信任那样给予人们心理上的回报。我将先关注第二点，然后再回头来谈第一点。首先,我提出下列原则:在现代性的全球化倾向与我称之为日常生活情境中的亲密关系的变革(transformation of intimacy)之间,存在着一种直接的(虽然也是辩证的)关联;我们可以从建立信任机制的角度,来分析亲密关系的变革;在现代性情境下,随着自我的构建成为一种自反性项目,个人信任关系也变得与自我构建的新处境密切相连。

信任与个人关系

在个体的早期发展过程中,对自我认同和四周处境(本体性安全)的稳定环境的基本信任,最初并不以对事物或事件之连续性的感受为基础。相反,如我们所注意到的,它是从对个人的信任中派生出来的,它不仅建立起一种信任他人的需要,而且无疑会以这样或那样的形式贯穿人的一生。

正如埃里克森所强调的,对个人的信任建立在回应和参与的相互关系之上:相信他人的诚实是自身诚实和真实性的一种最初来源。对抽象体系的信任为日常的可依赖性提供了安全感,但是它的性质本身决定了它不可能像个人信任关系那样提供相互性和亲密感。在这方面,传统宗教与现代抽象体系就有明显的区别,因为宗教的人格化形象允许人们将对个体的信任直接转移过来,并包含大量的相互性元素。相较而言,在抽象体系中,信任预设的是对非人原则的信念,当抽象体系不能为个体提供他所寻求的结果时,这些非人原则就只会以统计性的方式“做出回应”。这就是位于接入点的个体通常要付出极大的辛勤劳动,来表明自己值得信任的一个主要原因:正是他们架起了对个人的信任和对体系的信任之间的桥梁。

就我所谓的亲密关系的变革而言,以往的正统社会学论述大多都把传统秩序的公共特征同现代生活的非个人性质并置起来。为了把握这种概念上的区别,斐迪南·滕尼斯(Ferdinand Tönnies)对礼俗社区(Gemeinschaft)和法理社会(Gesellschaft)做了比较,成就了社会学文献的一个经典;无论其他人是否运用了这对专业名词,他们也都给出了类似的对立分类。就后世学者在这一对比上所做的进一步具体化,我们可以区分出三种主要路径,各自大致对应一种不同的政治立场。一种与政治保守主义具有密切关联,认为现代性的发展粉碎了“共同体”的旧有形式,损害了现代社会中的个人关系。在 19 世纪后期,这种立场声势浩大,直到今天它也仍然具有代表性。因而,彼得·伯格从阿诺德·格伦(Arnold Gehlen)那里借用了一个概念,认为大规模的官僚组织的主宰和“大众社会”的普遍影响导致了私人领域的“非制度化”。另一方面,公众生活领域则变得“过度制度化”,其结果是个人生活遭到了弱化,失去了原有的坚实的参照点,由此人类向内转向,求诸人类的主体性,在内在自我中寻求意义和稳定性。[1]

在政治光谱另一端,常常直接受马克思主义影响的学者也提出了在一定程度上相似的观点。虽然他们较少使用"大众社会"等词汇,而更多使用资本主义、商品化等,但是他们的大致论点与第一类作者基本上没有什么差别。在他们看来,现代性制度侵占了社会生活的大片领地,抽干了它们曾经有过的意义丰富的内容。虽然在现代社会,我们许多基本的生活需求都能够得到满足,但因为"工具理性"的世界能够实现的价值具有内在的局限性,私人领域还是因此遭到弱化,并且变得混乱不堪。哈贝马斯对技术体系与生活世界的分离所做的分析,就是这种立场的一种变体[2],上一代学人霍克海默的观点也属于这个类别。在谈到友谊和亲密关系时,霍克海默认为,在组织化的资本主义体制下,"相较于掌权者的规划,个人主观能动性所起到的作用变得相当微小";个人与他人的关系"至多只是一种爱好,一种休闲时的琐碎事务"。[3]

针对城市邻里关系的经验研究已然对社区衰落的观点提出了强有力的批判,许多人都援引这类调查,对上述两种立场提出了挑战。克劳德·费希尔在批评路易斯·沃思(Louis Wirth)有

① 彼得·伯格:《无归宿的意志》(Peter Berger, *The Homeless Mind*, New York: Random House, 1973)。

② 哈贝马斯:《交往行动理论》(Habermas, *The Theory of Communicative Action*, vol. 2, Cambridge, Eng.: Polity, 1987)。

③ 马克斯·霍克海默:《工具理性批判》(Max Horkheimer, *Critique of Instrumental Reason*, New York: Seabury, 1974),第94页。

关城市生活的匿名本质的阐释时试图表明，现代城市提供了一种创造新型社区公共生活的方式，而这在前现代背景中几乎就不存在。[①] 在费希尔观点的拥护者看来，在现代性的情境下，公共生活不仅得以存续下来，甚至更积极地得到复兴。

这些争论的一大难点在于它们所使用的术语。人们把“公共的”与“社会的”、“非个人的”与“个人的”，以及（根据某种不同的视角）“国家”与“公民社会”当作彼此对立的术语加以使用，似乎“公共的”和“非个人的”只是以不同的形式指称着相同的事物。但是，无论是在前现代社会还是在现代社会，“社区”概念都包含若干必须细致区分的因素。它们分别是社区的公共关系本身（我主要将它置于与地点的关系中进行审视）；亲缘纽带；与同辈人之间的个人亲密关系（友谊）；性亲密关系。如果我们将它们分解开来，便可以引申出一种与上面提及的所有观点不同的立场。

如果我们从与地点的嵌入式亲密关系的角度来审视“社区”，那么“社区”的确在很大程度上被摧毁了，但是这个过程在具体情境中究竟走了多远，还是值得人们去争论的。正如罗伯特·D. 萨克所观察到的那样：

> 作为行动主体，一个人必定身处某个地点。然而地

① 克劳德·费希尔：《住在朋友中间》（Claude Fisher, *To Dwell Among Friends*, Berkely: University of Califonia Press, 1982）。

> 点的这种基本且整合的意义却被分裂成复杂、矛盾和失去方位的各个部分。空间得到了空前的整合，同时也在地域上变得碎片化。地点既是具体的和独一无二的，然而在许多意义上它们又是普遍的和相类似的。地点看起来是"本来就在那里"，然而它们实际上是人为建构起来的……我们的社会储存着关于地点的信息，然而我们仍然对地点知之甚少。由现代过程产生的景观似乎是一锅东拼西凑、没有方向且不真实的大杂烩。①

基于上文已经引证的原因，我们必然会在亲缘关系上得出类似的结论。虽然在现代社会的某些情境下，有些亲缘纽带还很有影响力，但这并不意味着亲缘关系仍然像过去一样，在建构大多数人的日常生活时起着根本性的作用。

但是，这些变化是如何对个人亲密关系和性亲密关系施加影响的？个人亲密关系和性亲密关系不只是社区组织或亲缘关系的延伸。社会学家很少研究友谊(friendship)，而正是它为我们研究影响个人生活的广阔因素提供了重要线索。② 在前现代

---

① 萨克：《消费者世界》，第642页。

② 该议题可参见西尔弗的《社会和政治理论中的"信任"》；以及他的《社会理论中友谊：古典自由主义中的个人关系》("Friendship in Social Theory: Personal Relations in Classic Liberalism", Dept. of Sociology, Columbia University)，打印稿；格雷厄姆·阿兰：《友谊和亲缘关系的社会学》(Graham Allan, *A Sociology of Friendship and Kinship*, London: Allen and Unwin, 1979)。

情境中,我们恰恰需要按照友谊同地方社区和亲缘关系之间的联系才能理解那个时候的友谊的特征。信任朋友(在这一语境中其反义词是“敌人”)总是十分重要的。在传统文化(除了农业大国的某些大城市的街区有部分例外情况)中,自己人和外来者或陌生人之间存在着非常清晰的界限。具有现代社会活动特点的与匿名他者的无敌意互动的广阔舞台,在传统社会中并不存在。在前现代条件下,友谊经常被制度化,而且被视作与他人建立或稳定或松散的联盟的手段,以此同外部潜在的敌意团体相抗衡。

制度化友谊在本质上同血亲兄弟关系或战友关系一样,都是同志关系的形式。无论友谊是否被制度化,它都典型地建立在真诚与荣誉的价值基础之上。毫无疑问,所有文化都存在着由温情以及纯粹的个人忠诚所维系的伙伴关系。但是在前现代社会,当社区或亲缘纽带不足以提供必要的资源时,友谊就会在有风险的活动(如建立经济关系,报复恶行,参加战争,等等)中被派上用场。在朋友和敌人之间的界限分明且剑拔弩张的情况下,真诚会变成一种备受赞誉的品质。荣誉准则在事实上则是真诚的公开保障,甚至在友谊关系被置于极大压力之下需要证明友谊时,情况也是如此。

与现代性相关的抽象体系的大面积扩张(包括商品市场的扩张)改变了友谊的性质。友谊经常成为一种再嵌入的模式,但它并不会被直接包含在抽象体系之中,因为抽象体系总是旗帜鲜明地超越对个人纽带的依赖。在现代情境下,“朋友”的对立面再也不是“敌人”,甚至也不是“陌生人”;相反,它的对立面是“熟人”、“同事”或“某个我不熟的人”。紧随这种转变,荣誉被忠诚(除了个人情感之外再没有其他支撑)所取代;真诚被所谓的真实性(要求他人开诚布公且保持善意)所取代。朋友不再是那个永远说真话的人,而是始终保护他人幸福感的人。“好朋友”意味着即便在困难时刻也会慷慨相助,这个词汇在今天已经替代了过去的“具有荣誉感的伙伴”。

我们可以再反过来,把上述分析同关于信任的讨论直接联系起来。在前现代背景下,基本信任被置于社区、亲缘纽带和友谊的个人化信任关系之中。虽然这些社会关系中的任何一种都能包含情感的亲密关系,但这种亲密关系本身并不构成维系个人信任的条件。制度化的个人纽带,以及非正式或非正式化的真诚和荣誉法则,为信任提供了潜在的但并不总是现实的框架。与之相反的是,在个人层次上对于他人的信任,则成为人们深入“敌方领地”,建立远距离社会关系的主要手段。

信任与个人认同

随着抽象体系的发展,对非个人化原则和匿名他者的信任,成了社会存在不可或缺的要素。这种非个人化的信任与基本信任是判然不同的。同前现代的情境比较，现在的人有一种想要寻找可信任之人的强烈心理需要，但是现在的人又缺乏制度性地组织起来的个人关系。这里的要点，并不是曾经构成日常生活或“生活世界”的诸多社会特征遭到了分解，或被纳入抽象体系之中；相反，要点在于：日常生活的组织和形式，已经随着更广泛的社会变革而经历了重塑。由抽象体系建构起来的惯例具有空洞和非道德化的特征，这一点随着非个人化逐渐湮没个人化而得到了确证。但这不仅仅是个人生活的弱化，以及对于具有非个人组织形式的系统的偏好，它还意味着个人自我的性质发生了真正的变革。个人关系的主要目标是经由忠诚与真实性的信息来发展社交性，这种个人关系就像时空间离的一整套制度一样，成了现代性的社会情境的一部分。

可是，如果我们像许多现行的社会学论述所做的那样，认为抽象体系的非个人化同个人生活的亲密关系相对立，那就大错特错了。个人生活及其包含的社会纽带，与抽象体系最为影响深远的部分紧紧地交织在一起。例如，长期以来，西方的饮食习惯就体现着全球性的经济交流：“每一杯咖啡里都饱含着西方帝国主义的全部历史。”在过去约五十年的时间里，随着全球化的加速进行，最具亲密性的那一类个人生活与脱嵌机制之间的联系变得更为紧密。乌尔里希·贝克观察道:“突然之间,最亲密的关系(例如照料孩子)与最遥远、最一般化的事件(如发生在乌克兰的核反应堆事故)有了直接的联系。”①

这对个人信任究竟意味着什么呢?谈到20世纪的亲密关系的变革,关键是要对这个问题做出回答。对个人的信任不再集中在地方社区和亲缘网络中的个人化关系上。个人层面上的信任成了一个“项目”,需要与此相关的当事人“发力”,并且要求个人向他人敞开胸怀。当信任不受确切的规范性准则控制时,信任必须要被赢得,而做到这一点的办法就是表现出热情与开诚布公。“关系”一词如今已经具备了新的内涵,而我们对它的特别关照就显现出这一新的现象。关系是以信任为基础的纽带,信任在这里不是预先给定的,而是由人们实现的,而这种实现就意味着一个相互的自我敞开的过程。

考虑到与性密切相关的情感所具有的强度,爱欲关系成为这种自我敞开的聚焦点也就丝毫不令人奇怪了。爱欲关系向现代形式的转变通常被认为与浪漫爱情这一社会思潮或劳伦斯·斯通所说的“情感个人主义”有关。斯通以恰当的方式描述了关于浪漫爱情的理想:

① 乌尔里希·贝克:《人类学的震撼:切尔诺贝利与风险社会的轮廓》,载《伯克莱社会学杂志》(Ulrich Beck,“The Anthropological Shock: Chernobyl and the Contours of the Risk Society”,in *Berkeley Journal of Sociology*,1987),第32期。

> 这种观念认为,在这个世界上,只有一个人可以在所有层次上与自己相结合;对方的个性也被理想化,以至于通常的错误和人性的弱点都可以被视而不见;爱情就像闪电,令人一见钟情;爱情是世界上头等重要的事情,为了爱情所有其他的考虑(尤其是物质方面的考虑)都可以被牺牲;对情感的全身心投入是值得赞赏的,而不管情人所采取的行动对旁人来说多么夸张和荒唐。①

如此这般的浪漫爱情把曾经难以同时实现的诸多价值融为一体。浪漫爱情并不是一种持续性地同现代制度的兴起相关的社会思潮,它似乎更主要地是一种过渡性的现象,与旧式包办婚姻的初期解体相关。斯通所描述的"浪漫爱情情结"的某些方面历久而弥新,而且它们越来越与上文提到的个人信任的机制相契合。爱欲关系包含着一种彼此发现的渐进路径,其中给予爱的一方既经历了自我实现的过程,也增进了与被爱一方的亲密关系。因此,个人信任必须通过自我探询的过程才能够建立:对自我的发现成了一个与现代性的自反性直接相关的项目。

① 劳伦斯·斯通:《1500—1800年英格兰的家庭、性与婚姻》(Lawrence Stone, *The Family, Sex and Marriage in England 1500—1800*, London: Weidenfeld, 1977),第282页。

对于人们追寻自我认同的各种阐释,大致与关于社区衰落的观点一样,呈现出分歧的态势,而且它们也常常彼此相互关联。有些人认为,对自我发展的迷恋是旧式社区秩序崩溃的衍生物,由此对自我产生出一种自恋式的享乐主义关注。其他人也得出了大致相同的结论,但是他们把这一结果归咎于各种社会操控的形式。然而,我们的社会把大多数人从最举足轻重的政策和决策制定程序中排挤出去,才迫使人们不得不去关心自我;这是大多数人在体验到无力感之后走向的结果。用克里斯托弗·拉希的话来说:

> 当世界的面貌变得越来越具有威胁性时,生活就转向通过锻炼、节食、药物、各种精神养身法、心理自我调节以及心理治疗等手段,对健康和幸福展开永无止境的追求。有些人不再关心外部世界,只把它当作喜悦和挫折感的一种来源,对他们来说,自己的健康状况才是唯一值得关心的事。①

寻求自我认同是某种可悲的自恋形式吗?或者就现代制度

① 克里斯托弗·拉希:《无情世界的安息地》(Christopher Lasch, *Haven in a Heartless World*, New York: Basic, 1977),第140页。另参见他的《微小的自我》(*The Minimal Self*, London: Picador, 1985),他在这本书中对自恋有着更犀利的概括,并对"生存至上主义"做了进一步的阐述。

而言，它至少在部分上构成了一种破坏性的力量吗？对于这一议题的大多数争论都是围绕着这些问题展开的，在本书的末尾，我将再次回过头来讨论它。但是现在，我们应该注意到，拉希的论证中存在着某种错误。“对健康和幸福展开永无止境的追求”听起来很难与“不再关心外部世界”相协调。锻炼或节食的益处并不是由个人发现的，而是因为非专业人士采纳了专家的知识，而医疗和心理治疗的魅力也在于此。这里所说的精神养生法更多的是一种兼收并蓄的组合手段，世界各地的宗教和迷信亦是如此。外部世界在这里不仅仅进入了自我，自我在这里所面对的外部世界比任何一个生活在前现代时期的人所能接触到的都要更为广阔。

总结下来，亲密关系的变革包含以下几层意思：

1. 现代性的**全球化倾向**与日常生活中的**地域化事件**之间存在一种内在关系——一种“外延”和“内涵”之间的复杂而辩证的关联。

2. 自我被当作一种**自反性的项目**而得到建构，由此成为现代性的自反性的基础部分；个人必须在抽象体系所提供的策略和选择中找到自己的身份认同。

3. 个人有着建立在**基本信任**之上的自我实现的欲念：在个人化的情境下，这种基本信任只有通过自我向他人“敞开胸怀”才能得以确立。

4. 个人纽带和爱欲纽带形成的“关系”，受到自我敞开的相互性的引导。

5. 对自我实现的关心不仅是个人对自己无法控制的具有威胁性的外部世界的自恋式防卫，而且在部分上也是对受到全球化影响的日常生活环境的积极征用。

现代世界中的风险与危险

我们应当如何分析拉希所说的“具有威胁性面貌”的当代世界呢？为此，我们需要对现代性的特定风险景象展开更细致的观察。我们可以用下列方式去勾画它：

1. 高强度意义上的风险的全球化：例如核战争能威胁到人类的生存。

2. 突发事件数量不断增长意义上的风险的全球化：这些事件影响着这颗星球上的每一个人，或至少是多数人，如全球劳动分工的变化。

3. 来自人化环境或社会化自然的风险：人类的知识已经渗透到物质环境中。

4. 影响着千百万人生活机遇的制度化风险环境的发展：例如投资市场。

5. 将风险视为风险的风险意识：关于风险的“知识鸿沟”不

可能被宗教知识或巫术知识转变为“确定性”。

6. 广泛分布的风险意识：我们共同面对的许多危险已为广大的公众所了解。

7. 意识到专业知识的局限性：就采用专家原则的后果来看，没有任何一种专家系统能够被称为完全的专家。

如果说，脱嵌机制已经为当今世界提供了大面积的安全的话，那么被创造出来的大量新型风险也足以令人生畏。上述列举出来的主要风险形式可以分为两类：一类（前四种）改变了风险的客观分布，另一类（后三种）改变了风险的体验或对可感知风险的感知。

我称之为风险强度的东西肯定是我们今天生活于其中的“具有威胁性面貌”的环境的基本要素。核战争的可能性、生态灾难、无法遏制的人口爆炸、全球经济交换的崩溃，以及其他潜在的全球性灾难，为我们每一个人都勾画出一幅令人不安的危险前景。贝克指出，这种全球性的风险不管富人和穷人之间的区别，也不管世界各个地区之间的差异。“切尔诺贝利无所不在”的事实，点出了他所说的“他者的终结”的内涵：在风险面前，享有特权的人和无特权人之间的分界线正在消逝。某些风险的全球性强度超越了所有社会和经济的差异。[1]（但是，这绝

[1] 乌尔里希·贝克：《风险社会：新的现代性之路》（Ulrich Beck, *Risikogesellschaft: Auf dem Weg in eine andere Moderne*, Frankfurt: Suhrkampf, 1986），第7页。

不应该使我们对下述事实视而不见，无论是在现代性条件下，还是在前现代世界中，许多风险在上流社会人士和下流社会平民之间的分布是不同的。风险差异——例如，在营养水平和易感染疾病方面的风险——在很大程度上就是“特权”和“无特权”的实际含义之一。）

现今全球的所有危险中，核战争显然是潜在的最直接和最可怕的危险。自 20 世纪 80 年代初以来，人们发现即使是非常有限的核战争也会给气候和环境带来相当严重的影响。少量核弹头的爆炸都可能对环境造成不可逆转的破坏，威胁到所有高级动物物种的生存。据计算，只需要五百至两千个核弹头就能引发“核冬天”（nuclear winter），而这还不到所有核武器国家所拥有的核弹头总数的百分之十，甚至也低于 20 世纪 50 年代的核武器存量。[①] 这种局面已然完全证明贝克的断言的正确性：在这样的情境中，再也没有什么“他者”，参战方和中立国都会深受其害。

全球风险的第二个范畴关系到风险环境的全球扩张，而不是风险强度的提高。所有脱嵌机制都使特定个人和团体失去了对于事物的控制权；这样的机制越具有全球性，这种趋势就越明显。尽管全球化机制也能提供很高的安全水准，但事态的另一

① 欧文 · 格林等：《核冬天》（Owen Green, et al., *Nuclear Winter*, Cambridge, Eng.: Polity, 1985）。

面是新风险也随之产生：资源与服务将再也不受地域的控制，因此就无法由地方集中起来，用来应对意外的突发事件；而且也存在着这样的风险：整体机制可能会崩塌，因而影响每一个典型地使用它的人。例如，使用燃油中央供暖系统而没有壁炉的人就特别容易受油价变化的影响。在诸如1973年的“石油危机”等情境中，由于石油输出国组织（OPEC）采取的行动，所有石油制品的消费者都受到了影响。

风险景象的前两个范畴关系到风险环境的范围；后两种则与风险环境类型的变化有关。人化环境或者“社会化自然”这一范畴，指的是人类与物质环境之间的关系性质发生了变化。[①]下辖于这个范畴的生态危险源自人类知识体系所引起的自然变化。就社会化自然而言，由人类带来的严重风险单纯就数量而言就足以使人生畏：核电站事故和核废料引起的核辐射；海洋的化学污染足以摧毁为大气层再生大量氧气的浮游植物；大气污染所引发的“温室效应”正破坏着臭氧层，使冰雪覆盖层融化，淹没大片地区；热带雨林遭到大规模的毁坏，而它是可再生氧气的基础来源；人造肥料的大面积使用，使得数百万英亩的表层土壤失去了肥力。

我们还可以列举出许多重大的危害。但是，关于这份清单

① 参见贝克：《风险社会》。

以及核战争的风险,我们还应该顺带注意两点。第一点是感觉上的麻木,甚至是一种厌烦,它是这份清单很有可能从读者身上诱导出来的反应,也是一种与第六类风险景象相关的现象,即现在的人们已经对普遍存在的许多风险有了广泛的了解。即便是这种麻木的概念也已经成了某种老生常谈:“如此罗列我们所面临的危险,本身就有一种麻痹人心的作用。它是如此地令人耳熟能详,于是成了一种左耳进右耳出的祈祷文。我们不断地受到这些问题的轰炸,以至于它们因为过于棘手,而变成了背景板的一部分。”[1]第二点是,前面提到的所有风险,包括核战争的风险,如果严格地按照发生的可能性来估价,都是有争议的。由于核战争并没有真正爆发,我们从来就不能肯定核威慑是否真的“有效”;而一旦核战争爆发,我们就知道核威慑无效了;所以“核冬天”的假设会永远存在,除非核战争的实际爆发使得此类考虑完全失效。下文中我还将回到这些问题,因为它对风险的体验和感知而言都极为重要。

在现代制度的各种领域内,风险不仅是脱嵌机制运作不善所导致的危险,而且也是一种“封闭的”、制度化的行动舞台。如前所述,这些领域的风险实际上是由受到规范性认可的行动形式所引起的,如体育运动或赌博。在现代社会生活中,投资市

① 乔·贝利:《悲观主义》(Joe Bailey, *Pessimism*, London: Routledge, 1988)。

场就是此类风险最明显的例子。除了一些国营工业部门,所有的商业公司和投资者都在投资环境下活动,它们必须猜透对手,获取最大的经济利润。投资决策所包含的不确定性,部分源于我们难以预测的各类外部事件(如技术创新),也部分源于市场本身的性质。博弈论作为社会分析的一种路径,被运用于这样的局面也许最为有效,因为在这种局面中,双方行动者都力求猜透对方的心思,而且也都心知肚明,对方同样在竭力猜透自己。

这样的局面也适用于其他一些情况,例如选举程序的某些方面,而两个超级大国之间的军备竞赛则是其中最引人注目的例子。如果我们暂时排除战争本身的实际风险(与此处视角没有太大关联),那么军备竞赛就是建立在试图相互猜透的情境之上的,其中每一方都把自身战略建立在对于敌方可能采取的战略的估计之上。与军备竞赛一样,市场的制度化风险环境也并不仅仅局限于市场的"自身范围"之内。不仅外部风险会介入进来,而且制度框架内的决策后果也会不断地对外部施加影响。虽然我不会在这里对市场详加讨论,但是投资决策的协调在多大程度上代表了一种集体理性的形式,又在多大程度上仅仅只是一种由凯恩斯所说的"动物精神"(animal spirits)支配的博彩,对数百万人的经济繁荣而言却是一件至关重要的事情。

就风险体验来说,实际可说的要比我在这有限的篇幅中所能分析的多得多。然而,上述风险景象中所囊括的风险意识的三个方面却与本书截至目前的论述以及余下的部分直接相关。非专业人士普遍将风险（就此而言包括许多不同形式的活动）当作风险接受下来的事实，是现代世界和前现代世界之间存在断裂的一个主要标志。在传统文化中，高风险事业有时也会出现在世俗领域中，但是它们往往更为典型地在宗教和巫术的加持下才会发生。个人在特定的风险领域内打算在多大程度上信任某种特殊的宗教或巫术方案，当然会因时因地而大不相同。但是宗教和巫术的确经常被用来封印风险事业中所包含的不确定性，从而把风险体验转化成相对安全的感觉。但是，当风险被认知为风险的时候，这样一种在危险行动中获得信心的模式就在定义上变得不可行了。在一个以世俗观念为主导的环境中，人们仍然有很多方式可以把风险变成神意的命运，但是它们至多是令人半信半疑的迷信，而无法构成真正有效的心理支撑。从事具有生命危险的职业的人（如登高作业的人），或者是从事在结构上具有不确定成果的职业的人（如体育运动员），就会经常求助于符咒或迷信仪式，试图“影响”他们所从事的行当的结果。但是如果他们过于公开地搞这些名堂，很可能就会遭到其他人的嘲笑。

我们可以把风险景象中的最后两点合并起来讨论。非专业人士对现代风险环境已经有了广泛的认知，这使人们意识到专业知识具有局限性，因此构成了一个“公共关系”的问题，而这个问题是那些试图让非专业人士信任专家系统的人都必须面对的。信念支撑着对于专家系统的信任,想要维系这种信念就需要在非专业人士面对专业化知识时阻断无知的出现;但是,意识到个体从业者或整个知识体系存在无知的领域,就有可能削弱或破坏非专业人士对专家系统的信念。专家会为了向外行客户隐瞒或回避风险的真实性质,甚至完全隐瞒存在风险的事实,而擅自"以他们的名义"冒风险。而比起被外行客户发现隐瞒情况更糟糕的是,专家自己可能都没有意识到存在着特定的危险以及与之相关的全部风险。在这种状况下,问题就不仅是专家知识有没有局限性或存在多少空白,而是专业化知识本身存在不足,由此危及专家知识这一概念本身。[①]

风险与本体性安全

这些风险会以什么方式损害非专业人士对专家系统的信任和本体性安全的感受?这里的分析基点必须是:我们的生活不可避免地会与危险相伴,这些危险不仅远离个人的掌控能力,而且也远离更大的组织甚至国家的控制;更有甚者,这些危险对数

① A. J. 朱哈尔编:《社会中的风险》(A. J. Jouhar ed., *Risk in Society*, London: Libbey, 1984);杰克·道伊和保罗·勒弗雷尔:《风险与机会》(Jack Dowie and Paul Lefrere, *Risk and Chance*, Milton Keynes: Open University Press, 1980)。

百万人乃至整个人类来说都具有高强度和危及生命的威胁性。这些风险并不是什么人刻意选择要冒的风险，或者用贝克的话说，没有什么“他者”能够对此负责，或应当受到攻击或责备，这个事实本身强化了人们大难临头的感觉，而且正如许多人早就注意到的那样，这种感觉已经成了当今时代的一大特征。[1] 毫不奇怪的是，那些坚持宗教信仰的人倾向于把全球性灾难的可能性看成上帝之怒的表现。现在我们正在经历的全球性风险的巨大后果，乃是现代性脱离控制、如主宰之车般难以驾驭的特性的关键所在，而且没有哪个具体的个人或团体能够对它们负责，或能够被要求“改正”它们。

我们如何能经常把具有极大威胁性却又无法为个人所控制的危险铭记心头呢？结论是，对我们中的大多数人来说，这是不可能做到的。我们在上文已经说过，那些每一天、一整天都在忧心核战争是否会爆发的人，很容易被人认为患有精神错乱。虽然我们很难将经常有意识地怀有此类焦虑的人视为非理性之人，但是挥之不去的这种思绪会令日常生活陷入瘫痪，甚至在公众集会上提出这些话题的人也容易被看成是歇斯底里和笨拙可笑的。卡洛林·西伊的长篇小说《金色时光》就是以核战争之后的世界收尾的，主人翁同参加晚宴的另一

① 比较 W. 沃伦·瓦戈：《终极幻象》(W. Warren Wagar, *Terminal Visions*, Bloomington: University of Indiana Press, 1982)。

位客人谈起了她对核毁灭的恐惧：

> 她的眼睛瞪圆了，全神贯注地注视着我。"是的，"她说，"我明白你在说什么。我能理解。但是你对核战争的恐惧难道不是对当今所有困扰着我们的其他恐惧的一种隐喻吗？"
>
> 我的头脑从来没有完全清醒过，但有的时候它还是明白的。"不。"我说。我一定是在大声喊叫，声音穿透了这间美丽的庇护室。"我的观点是，所有这些我们谈论过的其他恐惧，都不外乎是我对核战争恐惧的一种隐喻！"
>
> 她用不敢相信的眼神看着我，但是她还没来得及做出艰难的回应，我们就都被邀去享用愉快的晚宴了。[①]

晚宴客人的不敢相信与主人翁表述的论点本身并无关系；它表明的是客人不敢相信竟会有人在这样的情境下以这样情绪化的方式谈论核战争。

无论核战争是不是一种隐喻，绝大多数人不会整天（至少

① 卡洛林·西伊：《金色时光》（Carolyn See, *Golden Days*, London: Arrow, 1989），第126页。

不会有意识地)担心核战争或者其他类型的大灾难会发生。其中一个理由毫无疑问是人们需要处理更切近的日常生活的问题,但其中也包含许多心理上的因素。在世俗环境中,可能性低但后果严重的风险会重新滋生出一种运气感,而相比一般迷信所培育出来的世界观,这种感受更接近前现代的世界观。“宿命”的观念(不管它是积极的还是消极的,都指人们对某种难以控制的遥远事件抱有模糊而笼统的信任感)可以减轻个人在生存环境中所负载的参与感重担,要不然这种重担总会无休止地纠缠着我们。命运(事物有其自身的运行路径)重新出现在世界的核心,而这个世界本该能对其自身事务进行理性的控制。更有甚者,命运还必然迫使我们在无意识的层面付出代价,因为它在本质上预设了对焦虑的压抑。作为基本信任之对立面的恐惧感,必然会给我们的无意识灌输累及全人类的不确定感。[1]

在现代社会中,可能性低但后果严重的风险并不会消失,尽管在最佳条件下它们的可能性会被降到最低限度。即使所有现存的核武器都被销毁了,人类不再研发具有类似毁灭力的武器,而且社会化自然的大灾难不复出现,全球性的危险景象将仍然存在下去。因为,如果我们接受了人们不可能根除已有技术知识的大前提,那么核武器就完全可能在任何时候被重新制造出来。此外,任何大型

① 罗伯特·杰伊·利夫顿和理查德·福尔克:《不可防御的武器》(Robert Jay Lifton and Richard Falk, *Indefensible Weapons*, New York: Basic Books, 1982)。

技术创新都可能彻底扰乱全球事务的导向。如主宰之车般难以驾驭的影响存在于现代性的内部,而我将在本书的下一部分详细论述有关的原因。

我们在上文谈及,把最严重的风险罗列出来,只会催生出一种麻木感,而这与后果最严重的风险的“反事实性”特征密切相关。中世纪发明了地狱,并给不信教者的来世分配了下地狱的命运,这在当时都是“真实的”。可是我们今天所面临的灾难性危险则大不相同。某种危险对全人类的普遍威胁越大(而不是出现概率越高),那么它的反事实性就越彻底。这里所论及的风险必然都是“不真实的”,因为它们实在是太过可怕,令我们无法想象,只有在实际发生后,才能清楚地展示出它们究竟有多么可怕。相对核战争而言规模较小的事件(如扔在长崎和广岛的原子弹,或发生在三里岛或切尔诺贝利的核事故)使我们意识到实际发生核战争会有怎样的后果。但是这些事件都还不具备其他更加灾难性事件的“反事实性”特征,也不足以显现出不断重复地罗列风险所产生的麻木作用。苏珊·桑塔格评论道:“现代社会始终有着如下情景:末日在逼近,但它并未发生;然而它还在逼近……如今的末日是一部长期连续剧:‘末日并非立即降临’,而是‘从今往后末日即将到来’。”①

① 苏珊·桑塔格:《艾滋病及其隐喻》(Susan Sontag, *AIDS and Its Metaphors*, Harmodworth: Penguin, 1989)。

适应性反应

当我们谈及各类人士面对现代性的风险景象所做出的各类适应性反应时，非专业人士和专家之间似乎并不存在重大的区别。由于前文刚刚提及的理由，最令人忧虑的反事实性风险无法转变成经验检验的情境，而且在相关的特殊领域中，专家之间也有很大的分歧，这一点同非专业人士并无太大区别。可能出现的适应性反应有以下四种：

第一种是以实用主义的态度接受现实，这是拉希论述过的世界观。他指出，这种世界观专注的是“生存”。这种世界观的关键，与其说是从外部世界退却，还不如说是一种实用主义的参与，其中维系着对日常问题和任务的关注。雷蒙·威廉斯把这样一种适应方式称为“X计划”，这是“一种关于战略优势的新型政治学”：它确信现代世界中的多数事情都是人们无法控制的，所以人们只能够计划或期盼短期的收益。根据威廉斯的看法，这种世界观不仅适用于许多非专业人士，而且也适用于战略行动的主要领域，如军备竞赛本身。[①]

正如我们在前面已经提到过的那样，实用主义的接受态

① 雷蒙·威廉斯：《奔向2000年》(Raymond Williams, *Towards 2000*, London: Chatto, 1983)。

度并非没有付出心理代价。它所隐含的麻木常常反射出埋藏在心灵深处的焦虑,而且在有些人那里,这种焦虑会不断地表现在意识的层面上。多萝西·罗伊研究了当人们意识到核战争有可能会发生时,他们的日常生活会受到怎样的影响,其中一种典型的反应是:“关于面对这种可能性时我怎样能够生活下去,我所能给你的唯一诚实的回答是:我不会去想它,因为一想它就让人感到恐怖。当然,这也并不总是奏效,而且我经常会胆战心惊地想象,如果这些核武器被使用了的话,世界将会变成一副什么模样。”[①]实用主义的接受态度既能兼容潜在的悲观主义论调,也能兼容希望的滋养——它们彼此矛盾地共存着。

第二种适应性反应可以用持久的乐观主义来概括,它在本质上是启蒙主义态度的传承,一种持之以恒的对神意理性(providential reason)的信仰,而不论当前威胁着我们的危险是什么。例如,一些专家就持有这样的世界观,他们认为核威慑迄今为止都是有效的,并将在不可限定的未来继续起作用;或者,另外有些人对“世界末日”的生态观提出了批评,倾向于认为解决全球性问题的社会方案与技术方案总能被找到。[②] 对非专业

① 多萝西·罗伊:《与核弹共存》(Dorothy Rowe, *Living with the Bomb*, London: Routledge, 1985)。

② 例子参见 J. L. 西蒙和 H. 卡恩:《资源丰富的地球》(J. L. Simon and H. Kahn, *The Resourceful Earth*, Oxford: Blackwell, 1984)。

个人来说,这是一种具有持续性的共鸣和情感感染力的视角,其基础是确信不受束缚的理性思想(尤其是科学)能为人类提供长期性的安全来源,而且没有任何其他导向能够与之相提并论。当然,我们也能很容易地在某些类型的宗教理想中选择性地找出同持久的乐观主义相亲近的观点。

上述态度的对立面则是犬儒式的悲观主义。与实用主义的接受态度不同,这种态度预设了直接承受由后果严重的危险所引起的焦虑。犬儒主义并非冷漠,它也不一定就认定末日即将来临,虽然它的确很难与盲目的乐观主义相协调。犬儒主义是一种通过幽默或厌倦尘世的回应方式来抑制焦虑的情绪影响的模式。它催生出了滑稽作品,比如电影《奇爱博士》和许多"黑色幽默"作品,它也催生出对"此时此地"之欢乐的时间错乱的庆祝,并对现代性的未来导向嗤之以鼻。在其中某些伪装下,犬儒主义可以与悲观主义分离开来,而且也能与不顾一切的怀抱希望共存。如果我们把悲观主义理解为确信不管人们怎么做,事情总会变得更糟,那么原则上悲观主义也确实可以与犬儒主义分离开来。① 然而,同乐观主义可以和启蒙理想相关联所不同的是,除了对正在消逝的昔日生活方式抱有怀念和对即将发生的事情持否定态度外,我们很难赋予悲观主义任何具体内容。

① 参见贝利:《悲观主义》。

悲观主义不是一种行动方案，而且以其极端的形式来说，它只会导向一种麻痹性的消沉。可是，如果它与犬儒主义相结合，它就提供了一种带有实践含义的世界观。由于犬儒主义情感中立化的性质，也由于其潜在的幽默感，犬儒主义磨去了悲观主义的棱角。

最后，我们还能够分辨出一种激进的参与，我对它的定义是：针对已察觉到的危险根源展开实践论争的态度。采取激进参与态度的人会认为，尽管我们受到严峻问题的困扰，我们仍然能够而且应该行动起来，降低它们的影响或者超越它们。这当然是一种乐观的世界观，但它更多地是与论争性行动而不是与信仰理性分析或理性讨论相关的世界观。它的主要载体是社会运动。

现代性的现象学

在社会学文献中，有两种关于现代性世界的生活设想占有主导地位，但它们似乎都不够充分。一种是韦伯的设想：理性的束缚会越来越牢固，并把我们囚禁在官僚惯例毫无个性的牢笼中。在现代社会学的三大奠基者中，韦伯最清楚地理解现代社会发展中专业化知识的重要性，并且用它勾画出了现代性的现象学的轮廓。按照韦伯的观点，日常经验只有在官僚化理性

“钢铁一般强硬”的牢笼边缘,才可能保留自己的特色和自发性。这种设想具有很大的力量,当然它也在20世纪的虚构文学作品中,并且更直接地在社会学的讨论中留下了浓墨重彩的一笔。的确,许多现代制度环境都以官僚制的僵化为标志。但是它们远不是无处不在的,甚至在它所适用的核心部位,即在大规模的组织中,韦伯对官僚制特性的描述也是不充分的。与其说大组织会不可避免地倾向于僵化,还不如说它们能创造出自治和自发性的领域,而实际上这正是小团体通常难以企及的。这种相反的创见归功于涂尔干,同样还归功于后来关于组织的经验研究。同规模较大的组织环境相比较,小团体中观点封闭的风气和直接约束成员的模式,以一种更狭窄和僵硬的方式限制了人们行动的界限。

第二个设想源于马克思和其他许多学者(不管他们是否把自己看作马克思主义者)。根据他们的描绘,现代性就是一个怪物。马克思大概比所有同时代人都更清醒,他觉察到现代性的影响是多么具有破坏性,并意识到它是多么不可逆转。同时,对马克思来说,现代性正如哈贝马斯所贴切称呼的那样,是一项“未完成的工程”。怪物是可以驯服的,因为无论人类创造出了什么东西,人类总是能够对其加以控制。简而言之,资本主义只是现代社会的一种非理性运作方式,因为它用市场的心血来潮代替了人类需求的有节制的满足。

我认为我们应该用主宰之车(juggernaut*)的意象取代上述两种设想,所谓主宰之车,是一台马力巨大又失控的引擎,如果全人类齐心协力,就能够在某种程度上驾驭它,但是它仍然威胁着突破我们的控制,而且能够把自己也撞得粉碎。这辆主宰之车会碾碎那些敢于抵抗它的人,而且虽然它有时似乎也有固定的路径,但当它突然掉转车头时,我们就不再能预测它飘忽不定的方向。这趟旅程绝不是完全令人扫兴和毫无益处的,它甚至经常令人兴奋异常,而且还充满了希望。但是,只要现代性的制度持续下去,我们就永远不可能完全控制它行驶的路径或速度。相应地,我们也不可能完全感到安全,因为它所穿越的领域充满了具有严重后果的风险。本体性安全和生存焦虑的双重感受将以矛盾的方式共存下来。

现代性的主宰之车并不是一个单一的整体,所以无论是这种意象本身,还是任何关于它所行进的单一路径的说法,都是无效的。它并不是一台由经过整合的机械构成的引擎,它的内部充满了张力和矛盾,有不同的影响力在往不同方向你拉我扯。任何人想要理解现代性的经验,都必须从这个最终发源于时间与空间的辩证法(这一点已由现代制度的时空建构所阐明)的

* 这个术语来自印地语“世界的主宰”(Jagannāth),是印度教神祇克利须那(Krishna)的头衔;这位神祇每年都要被架在一辆巨型车上游街,据说它的崇拜者会冲到车下,让轮子把自己碾碎。

视角出发。我将用四个辩证地关联起来的经验框架，简要地描述现代性的现象学，其中每一种经验框架都以一种内在的方式与本书前面的讨论密切相关：

去地点(displacement)与再嵌入：疏远与熟悉的交叉点。

亲密关系与非个人性：个人信任与非个人纽带的交叉点。

专业化知识与对知识的再征用：抽象体系与日常生活中的丰富知识的交叉点。

私人主义与参与：实用主义接受与积极行动的交叉点。

按照前面的分析，现代性是"去地点"的，地点变得变幻不定。然而，这不仅仅是共同体的丧失，还是一种双重的或者矛盾的经验。如果我们还记得前面所说的前现代和现代之间的差异，我们就能明白无误地理解这一点。现代世界已经发生的事情并不仅仅是地域性影响的日渐式微，并变成更寓以非个人化的抽象体系的关系。相反，恰恰是空间经验的组织发生了变化，它才以特有的方式把空间上的近与远连接起来，这是以前的任何时代都不曾发生过的。在现代情境下，熟悉与疏远之间有了一种复杂的关联。地域情境中的生活在许多方面仍然具有一种令人熟悉和轻松舒适的东西，它建立在人们所遵循的日常生活的惯例之上。但是，熟悉感常常以时空间离为中介，而不是由地域化地点的特殊性派生出来的。而且，这种渗入大众意识的经验既令人烦恼也大有裨益。对本体性安全感来说，熟悉的事物所带来的慰藉是一件极为重要的事情，与之并行的是，我们也意识到，所谓舒适和邻近，实则是一种对于遥远事件的表达，它们是被“置于”（placed into）地域性环境之中的，而并不构成地域性环境内部的一种有机发展。地区购物中心就是这样一种社会环境，楼群的布置和公共场所的精心设计在这个环境中培育出一种轻松愉快与安全的感觉。在那里购物的每一个人都知道，购物中心里的大多数商店都是连锁店，人们可以在任何一个城市找到这样的商店，而且实际上到处都存在设计相仿的购物中心。

去地点的一大特性在于：我们被植入到全球性的文化和信息环境中，这意味着熟悉性与地点不再像从前那样始终联系在一起了。可是，与其说这是一种与地方的疏远现象，不如说它是一种被整合进拥有共享经验的全球化“社区”的现象。隐蔽与暴露的边界也发生了变化，因为许多在以前看来截然不同的活动现在都展现在单一的公共范围中。报纸和一天当中电视节目的顺序就是这种现象最明显的具体例子，但是对现代性的时空组织来说，这是一种普遍的现象。我们大家都对离我们居住的地方几千英里以外的事件、活动以及地理风光非常熟悉。电子媒体的出现毫无疑问强化了这种去地点的现象，因为它们能跨越如此遥远的距离，以瞬时的方式推翻在场。乔舒亚·梅罗维茨指出，当一个人正在与世界另一边的人通电话时，他反而与天各一方的人更密切,与身处同一个房间里的人更疏远(后者可能会问“电话那一头是谁?她在说什么?”等等)。

去地点的对应词是再嵌入。脱嵌机制把社会关系和信息交流从具体的时空情境中提取出来,但与此同时又为它们的重新植入提供了新的机会。这也是为什么,如果我们把现代世界视作一个巨大的非个人体系日益吞噬个人生活的世界,那么我们就错了。导致摧毁旧城街区,并用高可参天的办公大楼取而代之的同质化过程,经常也促成其他地区的士绅化,以及地域性的再创造。虽然高耸入云、缺乏个人特性的市中心建筑群景象经常被说成是现代性景观的缩影,然而这是错误的。规模相对较小的非正式地点的重建也同样富于现代性的特点。而且正是消解了地域性与亲缘之间联系的交通工具,使得拜访远在千里之外的“近”亲变得容易起来,由此为再嵌入提供了可能性。

我们同样可以对现代情境中的亲密关系和非个人性的交叉点做出类似的评论。有一种观点认为,在现代性的条件下,我们越来越生活在一个“陌生人的世界”中,这种观点完全是错的。在日常生活里,在我们与他人的惯例性接触过程中,现代社会并没有越来越多地要求我们用亲密关系去交换非个人性的关系。这其中实际上包含着某种更复杂更微妙的东西。在前现代环境中,与他人的日常接触一般都建立在部分源于地点之本质的熟悉性上。然而,与熟悉的他者的接触,很难在亲密程度上达到今天人们的个人关系或性关系的水平。我在上文谈过的"亲密关系的变革"取决于脱嵌机制所带来的距离感,以及这些机制所预设的信任环境的变化。亲密关系与抽象体系有几种较为醒目的互动形式。例如金钱能够用来购买心理咨询师的专业服务,而心理咨询师会引导我们探索私密的和个人的内心世界。

当一个人走在城市的大街上时,他或她一天中可能会遇到上千人,有些人是他或她以前从未遇见过的,他们是现代意义上的"陌生人"。或者这个人可能会沿着人迹稀少的大道闲逛,无所事事地审视着行人和商店里正在促销的琳琅满目的商品,他或她就是波德莱尔所谓的城市里的"闲逛者"(flâneur)。有谁能否认这些经验是现代性的内在元素?可是"外面那个"世界(那个远在家乡和地区邻里的熟悉性之外,渐渐隐入无限的时间与空间中的世界)并不是一个完全缺少个人性的世界。相反,即便相距遥远,亲密关系也能维系下来(无论对方身在世界何方,哪怕在天空之中或地表以下,我们都能定期和他们保持联系),我们也不断地同以前并不认识的人建立个人关系的纽带。我们生活在一个由人组成的世界上,它并不仅仅是一个匿名且面目空白的人组成的世界。当抽象体系进入我们的活动时,它已然内在地滋生出当今这个世界。

在现代类型的亲密关系中,信任总是矛盾的,断绝关系的可能性也经常处于在场状态。个人关系可能会断裂,亲密关系可能倒回到非个人接触的领域：一旦爱情破裂了，情人们突然一下子就又变成陌生人。如今的个人信任关系假定我们对他人"敞开胸怀"（命令我们不要对别人隐瞒任何事情），但这也把疑虑的消除和深层的焦虑混合在一起。个人信任要求我们具备一定程度的自我理解和自我表达，但这本身又是一种心理紧张的根源。彼此的自我袒露与对互惠和相互支持的需求结合起来；可是这二者经常又是互不兼容的。因此，当我们需要信任他人，需要别人为我们提供关心和支持时，折磨和挫折就必然交织在其中。

日常生活中的去技能化与再技能化

在现代性条件下，专业化知识构成了亲密关系的一个组成部分，它不仅表现为市面上五花八门的心理治疗和心理建议，而且也表现为传授你"人际关系"技巧的大量书籍、文章和电视节目。这是否如哈贝马斯所指出的那样，意味着抽象体系"殖民"了一个先于它们而存在的"生活世界"，并使个人的决定都要服从技术性专业知识？事情并非如此。理由有两方面。第一个原因是，现代制度并非被简单地植入"生活世界"，后者的剩余遗产基本上还是依然故我。日常生活之性质的变化也以辩证的相互作用的形式影响着脱嵌机制。第二个原因是，在非专业人士与抽象体系日常接触的过程中，非专业人士会不断地对专业技术知识进行再征用。现存的各类知识体系都极其复杂,无论是就全面掌握专业化知识而言,还是就获得足够正式凭证而言,没有哪个人能成为横跨多个领域的专家;但是,也没有哪个人能够在不掌握抽象体系的某些基本原理的情况下,就可以与抽象体系互动。

社会学家通常认为,前现代时期许多事物都是神秘的,与之形成鲜明对照的是,神秘事物已经从我们生活的当今世界中隐退了,而且"世界运作"的方式(在原则上)是可以被详尽无疑地知晓的。但是,如果我们从个体的角度审视非专业人士或专家的经验,那么上述论断对他们来说都是不真实的。对所有生活在现代世界的人来说,世上的很多事情仍然是晦暗不明的,并且是以一种此前没有过的方式晦暗不明。借用克利福德·格尔茨的一个术语来说,在前现代环境中,个人曾经拥有丰富、多样的"地方性知识"[1],并且这些知识与地方情境中的生活的种种要求相适应。但是今天,当我们打开电灯时,我们当中究竟有多少人了解电力供应来自何方?或者在技术层面上,电究竟是什么东西?

然而,尽管如今的"地方性知识"与过去不复相同,但是从日常生活中筛选知识和技巧的过程绝不是单向的,生活在现代情境中的个人对所处的地方环境的了解也并不比生活在前现代

① 克利福德·格尔茨:《地方性知识》(Clifford Geertz, *Local Knowledge*, New York: Basic Books, 1983)。

文化中的人更少。现代社会生活是一件很复杂的事务，其中包含了许多技术知识的“回滤”过程：非专业人士以这样和那样的形式对技术知识加以再征用，不断地将其运用于他们日常活动的过程之中。正如我们在前面曾经提到过的，专业知识和再征用之间的互动受到许多因素的影响，其中尤以接入点的经验为甚。经济的因素可能会决定一个人是否自学修理汽车引擎，给房屋的电力系统重新布线，或者是修理渗漏的屋顶；然而经济因素也会影响人们在多大程度上信任某个特定的专家系统及相关的知名专家。专业化知识的再征用过程与社会生活的方方面面相关，比如医疗、育儿和性快感。

对普通人来说，所有这些专业化知识并不能令我们得到对日常生活环境的安全掌控感。现代性确实在辽阔的日常生活领域中拓展了个人实现和安全的舞台。但非专业人士（考虑到专家系统无处不在，我们都是非专业人士）又不得不搭乘现代性的主宰之车。所以我们当中有许多人都感到对身处的生活环境的某些方面缺乏控制，这种感受无疑是真实的。

我们应该借助这样的背景，尝试理解私人主义与参与的模式。按照拉希对“生存”一词的用法，它不可能自始至终在我们的思想中缺席，因为在我们的世界中，在尚不能确定的未来里，生存仍然是一个真实而又无法回避的问题。在无意识的层面——甚至（也许特别是）在那些对具有严重后果的风险持实用主义的接受态度的人群中——生存问题也许是以生存恐惧的形式存在的。对世界之连续性的基本信任必须被锚定在“世界将会继续”的单纯信心上,然而这是一个我们实则不能完全肯定的事情。索尔·贝娄在长篇小说《赫佐格》中写道:“核恐怖的革命回馈给我们一个形而上的维度。所有的实践活动都达到了顶点:所有的一切,文明、历史、自然,现在都可能完蛋。现在不如让我们回想一下克尔恺郭尔先生的问题……”①“克尔恺郭尔先生的问题”是:当我们不仅将它视为个体的死亡,还将它视为存在的虚空时,我们如何能躲避非存在的恐惧?无论是由核战争还是由其他手段引起的全球性灾难的可能性,都阻碍着我们相信下述假设:人类作为物种的生命不可避免地比当前任何人类个体的生命更长久。

没有一个人能确切地知道,上述全球性灾难的可能性究竟离我们有多远。只要存在核威慑因素,就必然存在爆发核战争的可能性;因为,只有当事国家在原则上准备使用他们持有的核武器时,核威慑的观念才有意义。再次强调,不论一个人对武器装备和军事组织或者对世界政治有多么“专业”,他都无法确认核威慑因素是否“有效”,因为他最多只能说,到目前为止还没有发生核战争。不论非专业人士对事态的内在不确定性的意识

① 索尔·贝娄:《赫佐格》(Saul Bellow, *Herzog*, Harmondworth: Penguin, 1964),第323页。

有多么模糊，他们无疑都对其有所感知。

这样的风险环境必然在几乎所有人心里引起深层的焦虑，人们为了平衡这一焦虑，必然会以下述感受为心理支撑：“作为个人我实在无能为力”，以及“无论如何，风险肯定很小”。正如我在前文所说的，“习以为常”是信任和本体性安全得以稳固的基本要素；而且毫无疑问的是，这种心态既适用于信任关系的其他范围，也适用于具有严重后果的风险情境。

然而明显的是，并不只有那些离我们非常遥远的突发事件才伴有严重的风险，也并非只要在心理上付出一定代价，就可以在日常生活中忽略的这些突发事件。这样的风险，以及其他许多可能威胁到人们生命或者对人们有重要影响的风险，其实已经直接进入到我们日常活动的核心。此言非虚，例如污染所造成的危害已经影响到成人和孩子的健康，有些东西会在食品中产生有毒物质或影响到食品的营养构成。同样，大规模的技术变迁（如生殖技术）也已经影响了人们的生活机会。在许多情况下，风险和机会的混合是如此复杂，以至于对个人来说，在什么情况下应该信任特定的方案或体系，在什么情况下应中止这种信任，已经成为极其困难的抉择。例如，当所有种类的食品都据说含有这种或那种毒素的时候，当营养学家提出的“对你有益”的饮食建议随着科学知识的飘忽不定而不断变化的时候，一个人又怎么能做到“健康”的饮食呢？

信任与风险，机会与危险——现代性的这些两极的、矛盾的性质渗透了日常生活的所有方面，也再一次反映出地方和全球之间相互补充的奇妙过程。就深刻影响着个人生活的大多数抽象体系来说，实用主义的接受态度是可行的，但正是这种态度的性质妨碍着它自己，使它既不能自始至终地得到贯彻，也不能在所有的活动领域得到贯彻。铺天盖地而来的专业化信息，就像同事、朋友和密友之间互相传递的回收知识一样，常常都是零碎不全且前后不一的。* 在个人的层面上，我们必须做出决定，必须制定政策。私人主义（对竞争性参与的回避）可能受到基本的乐观主义态度、悲观主义态度和实用主义接受态度的支持，能够在日常的许多方面满足"生存"的目标。但是，私人主义的态度中也容易点缀着积极的参与阶段，甚至连最容易持有冷漠和犬儒态度的人也会如此。请容我再重复一遍，现代性将安全与危险的平衡引入我们的生活，就此而言，再也没有什么"他者"存在了：没有任何人能够完全置身事外。在许多情况下，现代

---

* 在大量来自不同领域的案例中，我们不妨考虑甜蜜素（一种人工甜味剂）和美国当局的案例。1970年以前，甜蜜素在美国使用非常广泛，美国食品和药品管理局（FDA）把它划为"普遍受认可的安全香料"。当科学研究得出结论说，服用大剂量该物质的老鼠容易患某种癌症时，FDA就改变了它的态度。甜蜜素被禁止作为食品原料使用。在20世纪70年代和80年代初，越来越多的人开始饮用低卡路里饮料，因而制造商开始对FDA施加压力要求改变立场。1984年，FDA的一个委员会宣布甜蜜素根本就不是一种致癌因子。一年以后，国家科学院出面干预了，它得出了一个不同的结论。在关于这个项目的报告中，国家科学院宣布，甜蜜素在与糖精一起使用时是不安全的，但是它单独作为一种甜味剂使用时很可能是无害的。参见詹姆斯·贝里尼：《高新技术大屠杀》（James Bellini, *High Tech Holocaust*, London: Tarrant, 1986）。

性条件激发的是行动主义而不是私人主义,这既是由于现代性内在的自反性,也是因为现代民族国家的多头政治体系内为集体性组织提供了大量机会。

对后现代性的异议

这里我简要回顾一下本书在开篇时提出的问题,同时也展望一下本书的结尾部分。我试图对当今时代提出一种解释,它对通常认为我们已进入后现代性的观点提出了挑战。按照通常的理解,后现代性的种种概念(它们大多源自后结构主义的理论)包含一系列各不相同的分支。在这里,我把后现代性概念同我所秉持的立场(我称之为激进现代性)做了一番比较(参见表二)。

表二:"后现代性"概念和"激进现代性"概念之比较

后现代性	激进现代性
1. 用认识论的术语去理解近来出现的转型现象,或者干脆将认识论一同消解掉。	1. 确认种种制度性发展,正是它们创造出一种碎片化和分散化的感觉。
2. 关注当前社会变革的离心趋势及其混乱特性。	2. 把高度现代性视作一组情境,在这些情境中,弥散与通向全球整合的深远趋势具有辩证的联系。

续表

后现代性	激进现代性
3. 认为自我已被经验的碎片化分解或割裂。	3. 认为自我不仅仅是各股力量交叉的场所;现代性使自反性自我认同的积极过程成为可能。
4. 强调真理断言具有语境性或把它们视作"历史的"。	4. 由于全球性难题至关重要,真理断言就以一种不可抵挡的方式将其普遍特性强加于我们。现代性的自反性并不排斥关于这些发展的系统性知识。
5. 将个人在面对全球化趋势时感受到的无力感升华为理论。	5. 以经验与行动的视角对人们是怎样丧失力量又怎样重获力量的辩证关系做了分析。
6. 把日常生活的"空虚化"视作抽象体系入侵的结果。	6. 把日常生活视作对抽象体系的反应的积极综合体,其中既包括运用也包括丧失。
7. 认为语境性和弥散的首要地位排斥了协调的政治参与。	7. 认为无论是在全球层面还是在地方层面,协调的政治参与都是可能且必要的。
8. 把后现代性定义为认识论/个人/伦理的终结。	8. 把后现代性定义为将有可能"超越"现代性制度的变革。

第五部分

驾驭主宰之车

我们(指全人类)究竟能在多大程度上驾驭这辆主宰之车？或者至少给予它指引,从而使现代性的危险最小化,并使它的机遇最大化？现在的我们怎么会生活在一个如此失控的世界上,几乎与启蒙思想家的期望南辕北辙？为什么“甜蜜理性”的普及并没有创造出一个服从我们的预期和控制的世界？

有好几个因素浮现在我们眼前,但无论哪一个都与利奥塔等人的观点(他们认为我们再也没有任何可行的办法来维护知识的断言)无涉。第一种因素可以叫作设计缺陷。现代性与抽象体系是不可分的,而抽象体系则为跨越时空的社会关系之脱嵌提供了基础,并且贯穿于社会化自然和社会世界之中。也许,它们当中有很多都存在设计缺陷,导致体系出错,并把我们从计划好的发展路径中甩脱出来？我们当然既可以把设计缺陷的概念用于社会体系，也用于自然体系，其中社会体系的确立有着明确的“预期目的”。从原则上说，任何社会组织都可以根据有效达成既定目标或提供既定服务的程度而得到评估；而社会化自然的任何方面，也可以根据它在多大程度上满足了人类的特定需要，或不产出我们不需要的结果而受到评价。在上述两种情境下，设计缺陷无疑是司空见惯的。还是从原则上说，就依赖于社会化自然的体系而言，我们似乎没有什么理由不根除其中的设计缺陷。我们将会发现，社会体系方面的情况实则要更为复杂和困难。

第二个因素我们可以称为操作人员失误。任何抽象体系，不论它设计得如何尽善尽美，都可能因为操作人员的失误，而无法按人们所设想的那样运作。无论是社会体系还是自然体系都会如此。与设计缺陷不同，操作人员的失误似乎是无法彻底消除的。当然，优秀的设计可以将操作人员失误的可能性降到最低，严格的培训和纪律也能实现这一点；但是只要有人类的参与，风险就必然存在。例如在切尔诺贝利核事故中，灾难的根本原因就在于紧急关闭系统的操作过程中出现了失误。我们可以用数学方法对物质系统的运行风险进行计算，例如我们可以算出，与各类相互竞争的发电方式相关的死亡率风险有多高。但是，操作人员失误的因素就无法被有效地纳入计算之中。

然而，设计缺陷和操作人员的失误都不是导致现代性之不确定性的最重要因素。前文曾简要地提到过最重要的两个因素,它们是未预期的后果,以及社会知识的自反性或循环性。设计缺陷和操作人员失误显然都属于未预期后果的范畴,但是这个范畴包含的范围要广泛得多。不论一个体系的设计多么完善,也不管操作人员效率有多高,当我们将它引入其他系统的运作情境和人类一般性的活动情境之中,使其开始行使功能之后,我们就不能完全预料到其引入和运作可能引发的种种后果。其中一个原因在于构成社会世界的系统和人类活动都具有相当程度的复杂性。但是,即使我们能够想象世界(包括人类活动和物质环境)只是一个单一的设计体系(虽然在实际上这是不可能的),未预期的后果也还是会持续存在。

原因就在于社会知识的循环性,它首先影响到的是社会领域而非自然领域。在现代性的条件下,关于社会世界之特性和运作的新知识不断被输入进来,致使社会世界从来就不能形成一个稳定的环境。新知识(概念、理论、发现)不仅令社会世界变得更加透明,而且也改变了它的性质,使其转向新的方向。这种现象的影响,对犹如主宰之车的现代性属性而言具有根本意义,并且既影响到社会化自然,也影响到社会制度本身。虽然关于自然界的知识并不以直接的方式影响世界,但社会知识的循环性能够通过抽象体系中的技术成分将自然要素纳入其中。

由于上述所有原因,我们并不能掌握“历史”,并使其轻易地屈从于我们的集体目标。即使我们在自己的行动中创造并再创造了社会生活,我们也仍然不能完全控制它。除此以外,上文提到的所有因素都预设了利益和目标的同质性,但实际上就人类整体而言,这肯定不能被视为一件理所当然的事情。前文还提到了权力分化和价值作用的影响,它们也很重要。在某些意义上,世界确实是“单一”的,但是在其他意义上,它却彻底地被权力的不平等撕裂开来。现代性最具特色的一点在于,它让我们发现经验知识的发展本身,并不能自在自为地使我们在不同的价值观念之间做出选择。

乌托邦现实主义

然而这并不意味着,我们应该(或者,我们可以)放弃驾驭这辆主宰之车。降低具有严重后果之风险的意义,超越了所有价值和所有排他性的权力分化。“历史”并没有站在我们这一边,它没有目的,也不向我们提供任何保证。但是,作为现代性的自反性的一个基本要素,带有未来导向之思想的反事实性质,既有积极的意涵也有消极的意涵。我们可以设想不一样的未来,而传播它们实际上可能有助于实现它们。我们需要做的是创造出乌托邦现实主义的模式。

人们也许会认为,乌托邦现实主义是个在概念上自相矛盾的术语。但是如果我们把它同马克思的立场相比较,就会看到情况并不是这样。在马克思版本的批判理论(一种把阐释和实践联系起来的理论)中,历史有一个总体的方向,而且汇聚在一类革命代理人上,那就是无产阶级,它是一个“世界性阶级”。无产阶级的身上积累着所有历史压迫的遗产,而在发动革命的过程中,它以全人类的名义行动。但是正如前文所说,历史没有目的,而在实现价值的变革过程中,人类历史也没有任何享有特权的代理人。马克思的主张不仅仅是一种对主奴辩证法(master-slave dialectic)的应和,还是一种极富魅力的观点,因为它认为弱势群体才是全人类利益的真正代表者。尽管它对那些为了受压迫者的解放而奋斗的人来说很有吸引力,但是我们还是应该抵制这样的观点。受压迫者的利益并非凭空捏造,它们还经常相互冲突,而且有益的社会变迁常常要求我们使用为特权阶级所垄断的权力。此外,许多有益的变迁是以人们未能预期的方式发生的。

我们必须恪守的马克思主义原则是:如果通向值得欲求的社会变迁的途径没有同制度的内在可能性结合起来的话,那么它们就不会产生什么实际的影响。马克思正是借助该原则,才使自己与乌托邦主义鲜明地区别开来;但是,这些内在的可能性本身要受到现代性的反事实特性的影响,因此我们没有必要严格区分“现实主义”和乌托邦思想。比起马克思所处的时代，如今的我们需要用一种更严苛的方式，使乌托邦的理想与现实主义保持平衡。这一点很容易从具有严重后果的风险中得到彰显。乌托邦空想是无用的，而且可以说，如果把它用于威慑性政治的话，它还可能极具危险性。当我们在不考虑行动的策略性后果的前提下追寻道德上的确信时，我们可能会收获一种心理上的安慰，它来自激进的参与所能够提供的价值观。但是如果我们不意识到，在具有严重后果的风险环境下，降低危险必须是压倒一切的目标，这种道德追寻也可能招致反常的结果。

那么在20世纪末，不做任何担保的批判理论应该是什么样子？它必须具有**社会学的敏感性**，对现代性总是向未来敞开的内在制度性变革保持警惕；它要具有**政治**（严格来说是**地缘政治**）**策略性**，必须意识到，在具有严重后果的风险环境中，道德的承诺和“善意”可能具有潜在的危险性；它必须能创造出**良好社会的模式**，这些模式既不应受限于民族国家的范畴，也不应局限于现代性的任何单一制度性维度；而且，它还必须认识到，**解放政治**需要同**生活政治**（或者**自我实现的政治**）结合起来。所谓解放政治，我指的是解放不平等和奴役的激进参与。如果我们能够透彻地看到，历史并不服从于主奴辩证法（或者只在某些语境和情境下才是如此），那么我们就可以承认，解放政治不可能是事情唯一的一面。生活政治指的是通过激进的参与，为所有人进一步寻求充实且令人满意的生活的可能性,而且就此而言,人类社会中再没有什么“他者”存在了。这是“免于某事的自由”和“能自由地做某事”的老式划分*的一种新说法,但是“能自由地做某事”必须在乌托邦现实主义的框架下才能得到进一步的发展。

解放政治和生活政治之间的关系,构成了图三所显示的一根轴线。另外一根轴线则是本书前面部分一再强调的地方与全球之间的联系。在全球化关系不断壮大的影响下,解放政治和生活政治都必然要被纳入这些联系之中。正如我曾表明的那样,自我实现成为自我认同的基本要素,乃是现代性的一种特性。正如根基更为牢固的公正与平等的理念是解放政治的基本特征,“个人的伦理”则是生活政治的基本特征。女权主义运动已经率先把这些联系相互连接起来。

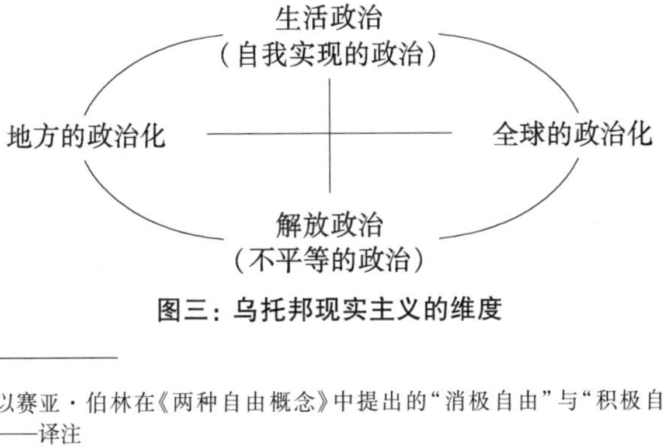

图三：乌托邦现实主义的维度

---

* 意指以赛亚·伯林在《两种自由概念》中提出的“消极自由”与“积极自由”的划分。——译注

有些身处政治光谱两极的作者,把自我发现的社会思潮仅仅视作人们对心理上或社会上有所欠缺的大型现代性制度的绝望反应,西奥多·罗萨克对他们的批评无疑是有道理的。如他所说:"在我们生活的这个时代里,拥有可以去发现的个人认同和可以去实现的个人命运的私人经验,已经成为一股主要的颠覆性政治力量。"然而,他错误地认为"个人与地球都受到同一个敌人的威胁:事物的宏大性"。[1] 真正的问题实则在于远和近的交织,以及个人和大规模全球化机制的交织。"宏大性"本身既不是个人的敌人,也不是生活政治需要战胜的现象。事实上,个人利益与全球组织之间的协调,才是我们必须关注的焦点。各种各样的全球性联系正是各类个人自我实现形式的真正条件,其中就包括那些为降低具有严重后果的风险而建立起来的联系。

就事物的本质而言,上述判断也适用于世界上受现代性影响程度相对较低的地区。当今时代的变革发生在一个富国和穷国之间裂隙深重的世界上,现代性制度的扩张,在这个世界上引发了形形色色的逆趋势和影响,如宗教极端主义或各种反动的传统主义形式。我不打算在本书中详尽地讨

---

① 西奥多·罗萨克:《个人/地球:工业社会的创造性分解》(Theodore Roszak, *Person/Planet: The Creative Disintegration of Industrial Society*, London: Gollancz, 1979),第xxviii、33页。

论这些问题,完全是为了行文和论证的简洁;我并不认为在我们更具体地去阐释诸如此类的全球化趋势时,可以将它们束之高阁。

未来导向:社会运动的作用

由于激进参与的各类模式在社会生活中具有普遍的重要性,社会运动也就为未来可能出现的变革提供了重要指导方针。对于优先把现代性与资本主义或工业主义联系起来的人来说,劳工运动是一种卓越的社会运动。信奉马克思主义的学者把劳工运动视作“历史的先锋”;他们的批评者却力图表明,劳工运动只在工业秩序发展的早期阶段具有变革性的作用,随后就演变成各种利益集团中的一支。毫无疑问的是,资本主义仍然是一种阶级体系,劳工运动的斗争仍然与某种可能位于“上层”的事物相关。但是,如果一心一意只关注劳工运动(虽然在现代制度发展和资本主义扩张的早期,这种关注因其战略性意义而在很大程度上曾被证明是正确的),则只是片面地强调资本主义或工业主义是现代性仅有的重要动力。其实,其他类型的社会运动也很重要,而且它们也能够与上文论述过的现代性多维度特性相关联。

我们在阐释图四时,应该将它与图一(参见前文第67页)

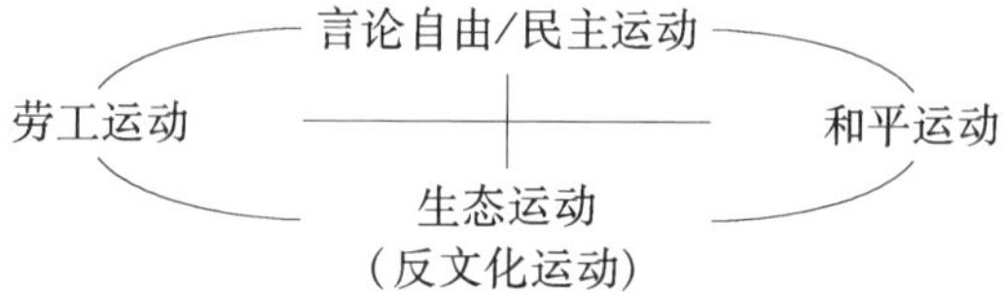

图四：社会运动的类型

结合起来，图一显示了现代性的四个制度性维度，实际上图四的四项内容就是附加在四个制度性维度之上的。劳工运动是斗争性的联盟，它的起源和活动领域都与资本主义企业的扩张有关。不管是改良主义者或是革命党人，他们都植根于资本主义的经济秩序之中，都想通过工会制度对工作场所进行防卫性控制，并且通过社会主义的政治组织去影响或攫取国家权力。尤其在现代制度发展的相对早期阶段，劳工运动是争取言论自由和民主权利的主要斗争工具。

然而，从分析的角度（并且在很大程度上，从历史的角度看更是如此）看，言论自由和民主运动又是与劳工运动分开的。言论自由和民主运动起源于现代国家所实施的监督行为。它们包括民族主义运动的某些形式，以及争取普遍参政权利的运动。后者包括早期的资产阶级联盟，而马克思曾轻蔑地把它们看成本质上是以阶级为基础的集团。虽然马克思的这个诊断是完全正确的，但他试图用化约的方法把“资产阶级的权利”仅仅看作阶级统治的表达形式，就此而言，他错了。这些权利，以及为了获得、保卫、扩展它们而开展的斗争，在现代资本主义和国家社会主义的政治秩序中都具有普遍的意义。监督本身就是一个斗争的场所。

劳工运动和言论自由/民主运动都很“老”了，也就是说，早在20世纪以前，它们的某些形式就已经建立得相当完善了。其他类型的社会运动则更为“新潮”，也就是说，它们在最近几十年才逐渐占据了主导地位。可是它们的“新潮”有可能被夸大了。和平运动的斗争场所是控制暴力手段，其中包括军事力量和警察力量。“和平”必须像“民主”一样，被看作是一种斗争性的概念，在和平运动与国家或军事组织同场行动的过程中，这一斗争性概念是极为关键的。某些通常受宗教价值影响的和平主义运动可以回溯到战争工业化的早期。如果说今天的它们具有了特别的重要性，那毫无疑问主要是由于具有严重后果的风险在不断地增长，这种风险既与战争的爆发相关，也与核武器成为当今战争的核心内容相关。

生态运动（反文化运动也可归入该范畴）的斗争场所是人化环境。我们早在19世纪就发现了今天的“绿色”运动的早期形式的踪迹。最早的“绿色”运动曾经受到浪漫主义的强烈影响，它主要力图反对现代工业对传统的生产模式和景观产生的冲击。由于工业主义与资本主义不易相互区别，特别是它们对传统生活模式的破坏具有相似性，所以这些“绿色”运动团体经常倾向于同工人运动结盟。二者在今天的分离反映出人们对工业化的发展（无论它是不是在资本主义保护下组织起来的）所导致的具有严重风险的后果有了更加强烈的意识。当然，生态运动的关切不仅仅衍生自具有严重后果的风险，它也关注人化环境的其他方面。

社会运动为我们显露了可能的未来曙光，而且在某些方面，也为其自身的实现提供了途径。[①]* 但是，按照乌托邦现实主义的观点，我们必须要意识到，如果我们要将人类引向一个更为安全也更为人道的世界，社会运动并非就是这一变迁的必然或唯一的基础。例如，和平运动在唤起民众觉悟和实现限制军事威胁的战略性目标方面有可能很重要。可是包括民意的力量，商业公司和国民政府的政策，以及国际组织的活动在内的其他影

① 阿尔贝托·梅鲁西：《当今流浪者》（Alberto Melucci, *Nomads of the Present*, London: Hutchinson Radius, 1989）。

* 图四中尚有一个明显的疏漏：女权主义运动。参照本书所区分的现代性维度以及整本书更广泛的讨论，我们应该怎样定位女权主义？第一，我们应该强调，女权主义像所有的社会运动一样，参与了现代性的自反性。女权主义的发端旨在确保妇女拥有平等的政治和经济权利，后来它开始质疑性别关系的构成性元素。关于性别是什么，以及它怎样构成了个人认同的基本内容的反思，今天成了可能导向深刻变革的意义重大的问题。第二，这些问题与自我作为自反性项目的主题也密切相关，因为所有个人都是在学习的过程中获得自己的社会性别的，自我意识由此发展而成，并在后续不断得到维系和修正。第三，正是由于第二点，女权主义所关注的某些深层现象，并不仅仅是现代性带来的，在所有已知的社会秩序的形式中，它们都会以这样或那样的形式存在。因而，女权主义运动的目标是复杂的，并且横切了现代性的整个制度性维度。可是，女权主义也许提供了反事实性思考的源泉，它以一种十分基础的方式对后现代性做出了贡献，对此我将要给予讨论。

响力也都对实现基本的改革具有相当重要的意义。乌托邦现实主义的世界观承认权力的不可避免性，但它并不认为权力的使用在本质上是有害的。最广义的权力是我们实现目标的工具。在全球化加速发展的情况下，想要最大限度地抓住机会并把有着严重后果的风险降到最小，就需要协调权力的使用。无论对解放政治还是生活政治来说，都是如此。同情弱者的困境是所有形式的解放政治的内在组成部分，但是想要实现解放政治的目标通常又要依赖特权阶层代理人的参与。

这其中的乌托邦色彩当然相当明显，如果乐观地认为权力集中的代理人将积极参与有可能削弱其自身地位的运动，也是极为短视的。商业公司的利益经常与政府的利益背道而驰，而后者也常常只关心局部的问题。所有不复有“他者”的议程，都可以从关切分化的角度重新定义。比起地位稳固的组织，社会运动也未必能避免这种倾向。然而权力并不总是被用于获取局部收益，也不总是被用作压迫的工具，现实主义的要素仍然占据着核心位置。

后现代性

当前，我们正生活在一个高度现代性的时期。未来将会怎样？我们能够为后现代性这个概念给出任何确定的含义吗？我们能够建立什么样的乌托邦？它应当是一个未来导向的“项目”，能够与发展的固有倾向相联系，那么它会具有现实性吗？

我认为，我们能够指认出一种后现代秩序的轮廓，而且的确存在着种种重要的制度性倾向，表明后现代秩序是能够实现的。后现代体系在制度上将会是复杂的，我们可以沿着前面勾画过的现代性的四个维度，把后现代性看作一种“超越”现代性的运动，如图五所示（请注意它与图一和图四的直接联系）。如果其中某一个维度的变革确实发生了，它们也不会自动地彼此密切协调，而且为了实现这场变革，需要将多方行动主体牵涉进来。

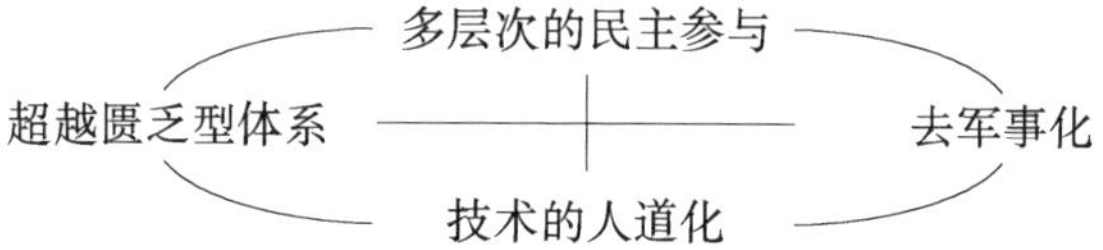

图五：后现代秩序的轮廓

首先，超越资本主义之后是什么？如果无论它是什么，都将它视作社会主义的话，那么它大概不会与现存的社会主义社会有太多相似之处。当下的社会主义国家确实与资本主义国家大相径庭，但是它构成了一种经济上低效、政治上威权的工业化管理模式。当然，“社会主义”指涉许多不同的事物，以至于这个术语已经变成特定思想家所希望实现的不论是何种假定的社会秩序的总体代名词。如果社会主义只意味着在民族国家的经济体系内组织起来的严格的计划生产，那么社会主义就肯定会衰落。关于20世纪社会组织和经济组织的一大发现在于，那些高度复杂的系统（例如，现代经济秩序）不可能有效地屈从于控制论的掌控。这些体系所预设的详细且持续性的信号传递必须由低输入单元在"底层"予以实现，而无法由上层的指导实现。

如果这样的洞见适用于国家层面的经济，那么在全球层面上就更是如此了。而且如图六所示，我们必须以全球的角度构想后现代时期。市场确实提供了复杂的交换体系所暗含的信号传递装置，但是，正像马克思准确诊断的那样，市场也维持着（甚至还积极产生着）剥夺的主要形式。如果我们仅仅从解放政治的角度来思考，超越资本主义将意味着超越资本主义市场所带来的阶级划分。然而，生活政治使我们看到了更深层的东西，超越了用经济标准决定人类生活状况的大环境。这里，我们发现了一种能够在全球层面上协调的超越匮乏型体系（post-scarcity system）的可能性。

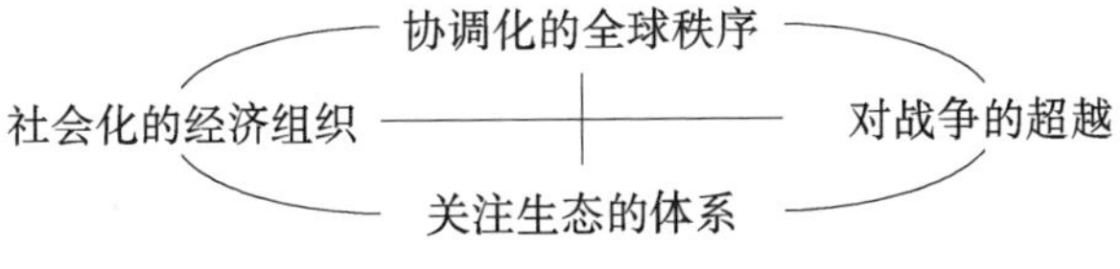

图六：超越匮乏型体系的维度

如果我们只是主张资本主义市场必须加以"规制"，以便消除其反复无常的特性，那么我们就会陷入两难的境地。一方面，使市场服从于统治一切的中央化控制，不仅在经济上没有效率，而且导向政治上的威权主义。另一方面,或多或少地任由市场在不受限制的情况下自由发展,就会在生活机会上制造出许多群体差异和地区差异。可是,超越匮乏型体系使我们得以超越这种两难困境。因为,当主要的生活物品不再匮乏的时候,市场标准就只需要起到信号传递的作用,而不再同时也是维系随处可见之剥夺的工具了。

但是,我们也许要问,在这个国家和地区之间(特别是工业化国家和欠工业化国家之间)存在大量不平等的世界上,在如今资源不仅有限而且已经构成压力的情况下,超越匮乏还能是一个有意义的概念吗?但是我们不如反问一句,为了不让我们的世界走向自我毁灭,我们还有其他的选择吗?资本主义的积累不可能无限制地进行下去,因为在资源方面它不可能自我维系。虽然某些资源本来就很稀缺,但大多数资源并不少,所以除了保证肉体存续的基本需要这一意义之外,所谓"匮乏"只是一种与社会界定的需求和特殊生活方式相关的概念。超越匮乏的秩序将给社会生活模式带来重大的改造(参见图六),而对经济持续增长的期望也将不得不有所调整。重新分配全球财富的呼声将日趋高涨。然而,创造此类变迁的动机即将到来,而且就如何实施具体政策才能以这样的方式推进变革,也已经有了许多讨论。有证据表明,生活在经济发达国家中的许多人体会到一种"发展疲劳症",而且有更多的证据表明,人们普遍意识到,除非经济增长能积极地改善大多数人的生活质量,否则持续的经济增长并没有那么重要。①

超越匮乏型体系即使最初只在世界较为富裕地区发展起来,也必须在全球范围内进行协调。考虑到跨国公司之间或民族国家政府之间为了控制金钱和商品的国际流动,已然达成了一些协议,世界规模的社会主义经济组织已经以某种形式存在了。有一点似乎是肯定的,不管这样的国际组织具体采取什么样的形式,它们的数量都将年年增加。如果它们在向超越匮乏型经济机制过渡期间得到加强,那么它们的作用就更倾向于信息性而非规制性。也就是说,它们可以帮助协调全球的经济交流,而不必去扮演"发挥控制作用的统治者"的角色。尽管这听起来还相当模糊(实际上也确实如此),然而世界上已经存在一些可能的经济秩序模式,其中就包含了可为超越匮乏型体系所用的原则。②

现在,我们来看看现代性的第二个制度性维度:监督与行政权力,其中某些倾向也是相当明显的。在民族国家中,监督活动的加强使得民主参与的呼声日盛(虽然也并非没有明确的反潮流)。尽管如今"民主"这个术语所覆盖的具体政体范围显然

① 伊恩·米尔斯和约翰·欧文:《进步的贫困》(Ian Miles and John Irvine, *The Poverty of Progress*, Oxford: Pergamon, 1982)。

② 威廉·奥普哈斯:《生态学与匮乏型政治》(William Ophuls, *Ecology and the Politics of Scarcity*, San Francisco: Freeman, 1977)。

极为广泛，但那是因为在当今的世界上，没有哪个国家宣称自己不是“民主”国家。这绝不是什么偶然事件，也不只是政治的话术。凡是给自己贴上“民主”标签的国家，总有些使公民参与政府程序的流程，哪怕在实践上这种参与是微不足道的。原因何在？因为现代国家的统治者发现，有效的政府需要受统治人民的积极默认，而这种积极默认的形式在前现代国家既无可能，也无必要。[①] 然而，多头政治（polyarchy，其定义是“政府对政治上与政府平等的公民之偏好的持续性积极回应”[②]）的趋势目前主要集中在民族国家的层面上。考虑到民族国家在全球体系中的地位正在发生变化，而国家之下的地方组织和国家之上的国际组织都在不断地衍生出新的形式，我们有理由期望民主参与的新形式也将崭露头角。例如，它们可能采取的形式有：在工作场所、在地方性协会、在媒体组织以及在各种类型的跨国团体中施加压力推进民主参与程度。[③]

就国家之间的关系而论，有一种趋势已显而易见：一种更需要协调的全球性政治秩序很可能正在浮现。日益全球化的趋势或多或少地迫使国家在以前它们更愿意独自处理的问题上持

① 在《民族国家与暴力》一书中，我对此做了论证。
② 罗伯特·A. 达尔：《多头政治》（Robert A. Dahl, *Polyarchy*, New Haven: Yale University Press, 1971），第1—2页。
③ 参见大卫·赫尔德：《民主诸模式》（David Held, *Models of Democracy*, Cambridge, Eng.: Polity, 1987）。

合作态度。在 19 世纪末,许多第一代全球化学者都相信,随着全球联系的日益增强,世界性的政府会自然而然地出现。这些作者低估了民族国家主权的自主性程度,而且在我们可预见的将来,似乎也不可能出现任何类似于民族国家形式的“放大版”世界政府。或者说,“世界政府”可能需要各个国家通力合作形成全球政策构架,并且形成解决冲突的合作性策略,而不是形成一个超级国家。无论如何,世界的全球化趋势是强烈而明显的。

至于军事力量,要让世界过渡到一个战争工具的重要性出现衰落的阶段的机会似乎是渺茫的。因为全球的军费开支每年都在上升,技术创新被用于武器生产的势头也经久不衰。可是,当我们展望一个没有战争的世界时,我们也从中看到了强烈的现实主义因素。这样一个世界内在地存在于战争的工业化过程中,也存在于在全球范围内改变后的民族国家立场中。如同我们在前面曾经提到过的,随着工业化武器的扩散,克劳塞维茨的名言实际上已经过时了;国家间的边界大多已经确定,民族国家事实上覆盖了整个地球的几乎每一寸土地,在这样的情况下,领土扩张已失去了它曾经有过的意义;最后,随着全球各国相互依赖的趋势增强,所有国家拥有相同利益的情况也在增多。试图设想一个完全没有战争的世界无疑带有乌托邦的色彩,但它并非完全缺乏现实主义的要素。

同样的观察也适用于人化环境。持续的技术革命的原动力来自资本积累和军事考量，但是它们一旦开始运转起来，便会自行产生动力。拓展科学知识以及展示科学进步在技术创新中所具有的有效性，本身就是颇有影响力的驱动因素。正如雅克·埃吕尔所指出，一旦技术创新成为一种惯例，就会具有一种强烈的惯性特质：

> 技术从来就不向任何方向进步，因为它是被来自身后的力量推动的。技术人员并不知道他工作是为了什么，而且一般来说他也不关心……并不存在朝向某个目标的明确号召；他身后的引擎强迫着他工作，而且不能容忍这台机器有任何停顿……技术因素的相互依赖使得针对本不存在的问题的大量"解决方案"成为可能。①

目前，技术创新的过程，以及更为一般意义上的工业发展过程，仍然在加速而不是减缓。技术进步会以生物技术的形态，影响着我们作为人类的物质构造，同样也影响着我们生活于其中的自然环境。在不确定的未来里，这些创新的强大源泉还会不受限制地进展下去吗？没有人能够充满信心地给出答案，但是

---

① 雅克·埃吕尔：《技术社会》（Jacques Ellul, *The Technological Society*, London: Cape, 1965），第 89 页。

我们的世界已经出现了明确的反潮流，并部分地由生态运动以及其他领域反映出来。环境破坏现在受到了广泛的关注，而且也在世界范围内成了政府工作的焦点。为了避免严重且不可逆转的破坏，人们将不得不面对外部影响，还要面对不受束缚的科技发展的逻辑。如今的人类与人化自然仍然维持着一种“工具性”的关系，技术的人道化将会把更多的道德议题纳入上述关系之中。

由于后果最为严重的生态问题已经具有明显的全球化性质，降低环境风险的干预形式也将必然具有全球性的基础。因此，总体性的地球关怀体系有可能被创造出来，它的目标将会是保护全世界的生态健康。詹姆斯·洛夫洛克（James Lovelock）提出的“盖亚假说”为我们提供了一种设想如何关怀地球的各类目标的可能方式。根据这个观点，我们的星球“展示出单一有机体的行为，它甚至就是一个活着的生物”。地球的有机健康是由分散的生态循环维持下来的，这些循环的相互作用构成了一种自给自足的生化系统。[①] 如果这个观点可以用分析性细节予以证明，那么它对地球关怀来说，就有了明确的含义，它可能更像是保护一个人的健康，而不像栽种一片植物长得稀稀拉拉的花园。

为什么我们要假设，世界上的事件将会沿着这些乌托邦设

---

① 马丁·拉奇：《社会生态学：对后工业社会的探索》（Martin Large, *Social Ecology: Exploring Post-Industrial Society*, Gloucester: Hawkins, 1981），第 14 页。

想为我们所指出的方向发展？显然，我们不能做这样的假设——尽管所有提出关于可能未来的讨论，包括本书的讨论，都会因其自身性质而产生某种影响。所谓发展的固有趋势也不过如此，如果事物真要按这些路径进展的话，那么发展的间歇期就会十分漫长，而且还充满了各种具有严重后果的风险。此外，现代性的每一个制度性维度上的变化都会反过来对其他维度产生影响。每一种变化都可能会给数以百万计的人造成危及生命的后果。

图七大致描述了我们今天所面临的一系列具有严重后果的风险。今后无论出现什么样的新技术（即使它对资本主义的生产有利，也可能给环境安全和军事安全带来危险），全球资本主义的积累都有增长的极限。既然在一定范围内，市场是一种自我调节的机制，那么至少在相当长的时间段内，某些类型的愈演愈烈的匮乏就能够被逐渐克服。但是，资源的内在局限性限制了资本的无限积累，而且市场要么不触动，要么反而施加负面影响（如日益扩大的全球性不平等）的“外在事物”（externalities），有可能会具有社会性破坏作用。

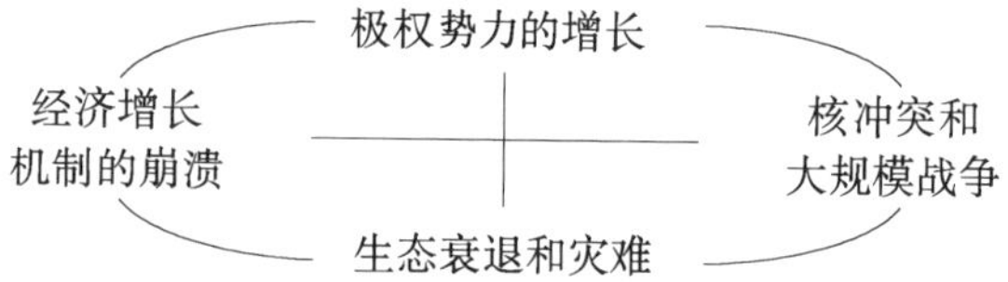

图七：现代性的具有严重后果的风险

就行政管理资源而言，增进民主参与的倾向也有其阴暗面：那就是产生极权势力的可能性。[1] 监督活动的日益加强提供了许多民主参与的途径，但是由于政治权力对暴力工具享有垄断性使用权，并把它用作恐怖的工具，所以监督活动的日益加强也使得政治权力的局部控制成为可能。尤如齐格蒙特·鲍曼清楚地指出的那样，极权主义与现代性并不是以一种偶然的方式，而是以一种内在的方式联结在一起的。[2] 有些其他形式的压迫性统治即使不是彻底的极权，也体现着极权的部分特性。

在前面的篇章中，我们已经充分地谈论过其他类型的危险。在工业化战争方面，核冲突的可能性并不是人类在中期未来中所面临的唯一具有严重后果的风险。只使用常规武器的大规模军事冲突也会带来毁灭性的后果，而且由于科学和武器技术的不断"聚变"，人类也很可能生产出威力不亚于核武器的其他形式的武器。生态灾难的厄运虽不如大型军事冲突那么迫在眉睫，但是它可能造成的后果同样让人不寒而栗。长期、严重且不可逆转的环境破坏可能已经发生了，它所引发的现象可能我们至今尚未意识到。

地球上的每一个人都终将明白，现代性的彼岸将只剩下"昆虫与青草的共和国"，或者一撮经受毁灭和创伤的人类社群。没有任

---

① 吉登斯：《民族国家与暴力》，第 11 章。
② 齐格蒙特·鲍曼：《现代性与大屠杀》（Zygmunt Bauman, *Modernity and the Holocaust*, Cambridge, Eng.: Polity, 1989）。

何神灵必然会拯救我们，也没有任何历史目的论能保证后现代性的第二个版本不会取代第一个版本。末日启示已成陈词滥调，它虽是日常生活的反事实，却如此令人熟悉；可是，就像所有的风险参数一样，它也有可能成真。

第六部分

现代性是一项西方工程吗?

在本书讨论现代性的整个过程中,我没有过多地提到处于所谓的发达国家范围以外的世界上更广阔的地区。当我们谈论现代性时,我们所指的却是一种起源于西方的制度性变革。那么现代性具有多大程度的西方特色?为了回答这个问题,我们必须考虑现代性的各种可以为分析所区分的特性。就制度集群方面而言,在现代性的发展中,有两种不同的组织综合体特别重要:民族国家和系统性资本主义生产。它们都在欧洲历史的具体情境中有着自己的根基,而且在更为久远的过去,或在其他的文化背景中,都很少有与此类似的历史发展。如果说后来它们密切携手,席卷了整个世界,这首先是因为它们所产生的力量。任何更为传统的社会形式都不能够与这种力量抗衡、独立于全球化发展的趋势,并维持自身的完全自主。就这两大变革性力量所孕育出的生活方式而言，现代性是一种独特的西方工程吗？对这个问题直截了当的回答是："是的。"

本书一再强调，全球化是现代性的一大根本性后果。它不仅仅是西方制度向全世界的蔓延，并对其他文化形成碾压之势。全球化（这一不平衡发展的过程既带来了碎片化也带来了全球协调）还引入了让世界相互依赖的新形式，同时也使得"他者"不复存在。这些事态在创造风险和危险的新形式的同时，也带来了影响深远的全球安全的可能性。但是，从其全球化倾向而论，现代性是一种独特的西方产物吗？非也。它不可能是西化的，因为我们在这里所谈论的，是全世界相互依赖的形式和全球性意识。我们讨论和处理这些问题的方式将不可避免地牵涉源于非西方情境的概念和策略。因为无论是现代性的激进化还是社会生活的全球化在任何意义上都绝不是一个已经完成的过程。既然整体的世界文化存在多样性，那么对现代性制度的文化回应就有很多种可能性。当今全球体系的特点是财富和权力的极大不平等，而"超越"现代性的运动就在这样的全球体系中出现，也势必要受这些不平等的影响。

现代性的普适性不仅仅体现在它的全球影响上，而且也体现在知识的自反性上，而这种自反性对现代性的动力特性来说是至关重要的。就此而论，现代性是独具特色的西方产物吗？对这个问题我们必须做出正面的回答，尽管需要加上一些明确的限定条件。现代的自反性以一种内在的方式从传统中剧烈转向,不仅与以前的时代发生了断裂,而且也与其他文化发生了断裂。既然理性不可能为自己提供终极的正当性,那么我们再假称这种断裂不是建立在文化(和权力)承诺之上,就已然毫无意义了。然而,权力并不一定必然地能妥善处理由现代性的自反性的蔓延所带来的问题,特别是在话语式论证模式被普遍接受和尊重的情况下,更是如此。话语式论证(包括组成自然科学的论证)所涉及的标准超越了文化的差异。如果对可以被用来解决争端的话语式论证的承诺已然呼之欲出,这里就不存在什么"西方"的问题了。可是,有谁能说这种承诺的传播会受到什么限制呢? 因为怀疑的激进化本身也总会受到怀疑,因此怀疑激进化的原则也总会招致严厉的抵抗。

结论性评述

最后,让我在结语中对本书的论题做简要的概述。首先在工业化社会中,某种程度上也在整个世界中,我们已经进入一个高度现代性的时期,既摆脱了传统之确定性的支撑,也丧失了维持已久且显得格外稳固的西方主宰的"优越地位"(对于"内部"和外部的人均是如此)。尽管现代性的发起者想要用确定性取代预先制定的教条,然而现代性还是卓有成效地将怀疑精神的制度化纳入其中。在现代性条件下,所有的知识断言都具有循环性——尽管“循环性”在自然科学和社会科学中的含义有所不同。在自然科学中,循环性指的是如下事实:科学就是纯粹的方法,所有大量“已经确立的知识”在原则上都是可以被抛弃的。社会科学则假定一种双重意义的循环性,它对构建现代制度来说是极其关键的。社会科学所声称的所有知识在原则上都是可修正的,并且当它们循环性地往来于它们所描述的环境时,它已经成为在实际意义上经过“修正”的知识了。

现代性具有内在的全球化倾向,而且这种现象的不确定后果与其自反特性的循环性相结合,导致它所构成的事件世界所包含的风险和危害具有了一种新的品质。现代性的全球化倾向既是外延的也是内涵的,它们在地方和全球的两极,把个人同大规模的系统联结起来,纳入变革的复杂辩证法中。许多经常贴着后现代性标签的现象,实际上关系到当我们生活在一个在场和缺场以历史性的新方式交融在一起的世界里时,我们拥有怎样的体验。由于现代性的循环性掌控了局面,进步变得空洞无物。而且,从横向面来看,由生活在“同一个世界”所带来的每日信息摄入量有时候会让人应接不暇。然而,这并不是文化的碎片化,或主题已经消解成一个没有中心的“符号世界”的表达。这是主体性和全球社会组织,在背靠一个令人困扰的高风险背景时,同步进行变革的过程。

现代性具有内在的未来导向,以至于“未来”正以一种反事实的模型构建呈现自身。尽管也有别的理由,但我仍然以此作为乌托邦现实主义概念的基础。对未来的期待成为现在的一部分,因而它反弹回去,与未来实际上如何发展产生了联系;乌托邦现实主义把“打开窗口”迎接未来,与对当下的制度化趋势的分析(政治未来借此内含于现在之中)连接起来。这里我们再次回到本书开篇的时间问题上。就最初提到的现代性的动力本质中潜在的三因素而论,一个后现代世界可能会是什么样子?如果有一天,现代制度在很大程度上被超越了,那么这些动力因素也必将经历根本性的改变。作为结论,我只需对此略加评论就够了。

乌托邦现实主义的乌托邦,与现代性的自反性和时间性都是对立的。乌托邦处方或预期为未来事务划定了一条底线,阻断了现代性的无穷无尽的开放特性。在后现代世界里,时间和空间的相互关系安排再也不用听命于历史性。我们很难说它是否暗含了某种形式的宗教的复活,但可以想象的是,未来生活的某些方面将会出现新的固定性,它会令人回忆起传统的某些特征。这种固定性会为本体性安全感提供基础,而且人们会意识到社会领域受制于人类的控制,由此进一步加强了这种安全感。这将不会是一个“外部坍塌”、组织去中心化的世界,但毫无疑问,它将以一种复杂的方式令地方和全球交织在一起。这样一个世界会以激进的方式重组时间和空间吗?似乎有这样的可能性。然而,有了这样的反思,我们就开始消解乌托邦猜想与现实主义之间的联系了。而且它也超出了本书这种类型的研究力所能及的范畴。

人文与社会译丛

第一批书目

1.《政治自由主义》(增订版),[美]J. 罗尔斯著,万俊人译　118.00 元
2.《文化的解释》,[美]C. 格尔茨著,韩莉译　89.00 元
3.《技术与时间:1. 爱比米修斯的过失》,[法]B. 斯蒂格勒著,裴程译　62.00 元
4.《依附性积累与不发达》,[德]A. G. 弗兰克著,高铦等译　13.60 元
5.《身处欧美的波兰农民》,[美]F. 兹纳涅茨基、W. I. 托马斯著,张友云译　9.20 元
6.《现代性的后果》,[英]A. 吉登斯著,田禾译　45.00 元
7.《消费文化与后现代主义》,[英]M. 费瑟斯通著,刘精明译　14.20 元
8.《英国工人阶级的形成》(上、下册),[英]E. P. 汤普森著,钱乘旦等译　168.00 元
9.《知识人的社会角色》,[美]F. 兹纳涅茨基著,郏斌祥译　49.00 元

第二批书目

10.《文化生产:媒体与都市艺术》,[美]D. 克兰著,赵国新译　49.00 元
11.《现代社会中的法律》,[美]R. M. 昂格尔著,吴玉章等译　39.00 元
12.《后形而上学思想》,[德]J. 哈贝马斯著,曹卫东等译　58.00 元
13.《自由主义与正义的局限》,[美]M. 桑德尔著,万俊人等译　30.00 元

14.《临床医学的诞生》,[法]M. 福柯著,刘北成译 55.00 元

15.《农民的道义经济学》,[美]J. C. 斯科特著,程立显等译 42.00 元

16.《俄国思想家》,[英]I. 伯林著,彭淮栋译 35.00 元

17.《自我的根源:现代认同的形成》,[加]C. 泰勒著,韩震等译 128.00 元

18.《霍布斯的政治哲学》,[美]L. 施特劳斯著,申彤译 49.00 元

19.《现代性与大屠杀》,[英]Z. 鲍曼著,杨渝东等译 59.00 元

第三批书目

20.《新功能主义及其后》,[美]J. C. 亚历山大著,彭牧等译 15.80 元

21.《自由史论》,[英]J. 阿克顿著,胡传胜等译 89.00 元

22.《伯林谈话录》,[伊朗]R. 贾汉贝格鲁等著,杨祯钦译 48.00 元

23.《阶级斗争》,[法]R. 阿隆著,周以光译 13.50 元

24.《正义诸领域:为多元主义与平等一辩》,[美]M. 沃尔泽著,褚松燕等译 24.80 元

25.《大萧条的孩子们》,[美]G. H. 埃尔德著,田禾等译 27.30 元

26.《黑格尔》,[加]C. 泰勒著,张国清等译 135.00 元

27.《反潮流》,[英]I. 伯林著,冯克利译 48.00 元

28.《统治阶级》,[意]G. 莫斯卡著,贾鹤鹏译 98.00 元

29.《现代性的哲学话语》,[德]J. 哈贝马斯著,曹卫东等译 78.00 元

第四批书目

30.《自由论》(修订版),[英]I. 伯林著,胡传胜译 69.00 元

31.《保守主义》,[德]K. 曼海姆著,李朝晖、牟建君译 58.00 元

32.《科学的反革命》(修订版),[英]F. 哈耶克著,冯克利译 58.00 元

33.《实践感》,[法]P. 布迪厄著,蒋梓骅译 75.00 元

34.《风险社会:新的现代性之路》,[德]U. 贝克著,张文杰等译 58.00 元

35.《社会行动的结构》,[美]T. 帕森斯著,彭刚等译 80.00 元

36.《个体的社会》,[德]N. 埃利亚斯著,翟三江、陆兴华译 15.30 元

37.《传统的发明》,[英]E. 霍布斯鲍姆等著,顾杭、庞冠群译 68.00 元

38.《关于马基雅维里的思考》,[美]L. 施特劳斯著,申彤译 78.00 元

39.《追寻美德》,[美]A. 麦金太尔著,宋继杰译 68.00 元

第五批书目

40.《现实感》,[英]I. 伯林著,潘荣荣、林茂译 30.00 元

41.《启蒙的时代》,[英]I. 伯林著,孙尚扬、杨深译 35.00 元

42.《元史学》,[美]H. 怀特著,陈新译 89.00 元

43.《意识形态与现代文化》,[英]J. B. 汤普森著,高铦等译 68.00 元

44.《美国大城市的死与生》,[加]J. 雅各布斯著,金衡山译 78.00 元

45.《社会理论和社会结构》,[美]R. K. 默顿著,唐少杰等译 128.00 元

46.《黑皮肤,白面具》,[法]F. 法农著,万冰译 58.00 元

47.《德国的历史观》,[美]G. 伊格尔斯著,彭刚、顾杭译 58.00 元

48.《全世界受苦的人》,[法]F. 法农著,万冰译 17.80 元

49.《知识分子的鸦片》,[法]R. 阿隆著,吕一民、顾杭译 59.00 元

第六批书目

50.《驯化君主》,[美]H. C. 曼斯菲尔德著,冯克利译 68.00 元

51.《黑格尔导读》,[法]A. 科耶夫著,姜志辉译 98.00 元

52.《象征交换与死亡》,[法]J. 波德里亚著,车槿山译 68.00 元

53.《自由及其背叛》,[英]I. 伯林著,赵国新译 48.00 元

54.《启蒙的三个批评者》,[英]I. 伯林著,马寅卯、郑想译 48.00 元
55.《运动中的力量》,[美]S. 塔罗著,吴庆宏译 23.50 元
56.《斗争的动力》,[美]D. 麦克亚当、S. 塔罗、C. 蒂利著,李义中等译 31.50 元
57.《善的脆弱性》,[美]M. 纳斯鲍姆著,徐向东、陆萌译 55.00 元
58.《弱者的武器》,[美]J. C. 斯科特著,郑广怀等译 82.00 元
59.《图绘》,[美]S. 弗里德曼著,陈丽译 49.00 元

第七批书目

60.《现代悲剧》,[英]R. 威廉斯著,丁尔苏译 45.00 元
61.《论革命》,[美]H. 阿伦特著,陈周旺译 59.00 元
62.《美国精神的封闭》,[美]A. 布卢姆著,战旭英译,冯克利校 68.00 元
63.《浪漫主义的根源》,[英]I. 伯林著,吕梁等译 49.00 元
64.《扭曲的人性之材》,[英]I. 伯林著,岳秀坤译 22.00 元
65.《民族主义思想与殖民地世界》,[美]P. 查特吉著,范慕尤、杨曦译 18.00 元
66.《现代性社会学》,[法]D. 马尔图切利著,姜志辉译 32.00 元
67.《社会政治理论的重构》,[美]R. J. 伯恩斯坦著,黄瑞祺译 72.00 元
68.《以色列与启示》,[美]E. 沃格林著,霍伟岸、叶颖译 128.00 元
69.《城邦的世界》,[美]E. 沃格林著,陈周旺译 85.00 元
70.《历史主义的兴起》,[德]F. 梅尼克著,陆月宏译 48.00 元

第八批书目

71.《环境与历史》,[英]W. 贝纳特、P. 科茨著,包茂红译 25.00 元
72.《人类与自然世界》,[英]K. 托马斯著,宋丽丽译 35.00 元

73.《卢梭问题》,[德]E. 卡西勒著,王春华译　39.00 元
74.《男性气概》,[美]H. C. 曼斯菲尔德著,刘玮译　28.00 元
75.《战争与和平的权利》,[美]R. 塔克著,罗炯等译　25.00 元
76.《谁统治美国》,[美]W. 多姆霍夫著,吕鹏、闻翔译　35.00 元
77.《健康与社会》,[法]M. 德吕勒著,王鲲译　35.00 元
78.《读柏拉图》,[德]T. A. 斯勒扎克著,程炜译　68.00 元
79.《苏联的心灵》,[英]I. 伯林著,潘永强、刘北成译　59.00 元
80.《个人印象》,[英]I. 伯林著,林振义、王洁译　35.00 元

第九批书目

81.《技术与时间:2. 迷失方向》,[法]B. 斯蒂格勒著,赵和平、印螺译　59.00 元
82.《抗争政治》,[美]C. 蒂利、S. 塔罗著,李义中译　28.00 元
83.《亚当·斯密的政治学》,[英]D. 温奇著,褚平译　21.00 元
84.《怀旧的未来》,[美]S. 博伊姆著,杨德友译　85.00 元
85.《妇女在经济发展中的角色》,[丹]E. 博斯拉普著,陈慧平译　30.00 元
86.《风景与认同》,[美]W. J. 达比著,张箭飞、赵红英译　68.00 元
87.《过去与未来之间》,[美]H. 阿伦特著,王寅丽、张立立译　58.00 元
88.《大西洋的跨越》,[美]D. T. 罗杰斯著,吴万伟译　108.00 元
89.《资本主义的新精神》,[法]L. 博尔坦斯基、E. 希亚佩洛著,高铦译　58.00 元
90.《比较的幽灵》,[美]B. 安德森著,甘会斌译　79.00 元

第十批书目

91.《灾异手记》,[美]E. 科尔伯特著,何恬译　25.00 元

92.《技术与时间:3. 电影的时间与存在之痛的问题》,
[法]B. 斯蒂格勒著,方尔平译 65.00 元
93.《马克思主义与历史学》,[英]S. H. 里格比著,吴英译 78.00 元
94.《学做工》,[英]P. 威利斯著,秘舒、凌旻华译 68.00 元
95.《哲学与治术:1572—1651》,[美]R. 塔克著,韩潮译 45.00 元
96.《认同伦理学》,[美]K. A. 阿皮亚著,张容南译 45.00 元
97.《风景与记忆》,[英]S. 沙玛著,胡淑陈、冯樨译 78.00 元
98.《马基雅维里时刻》,[英]J. G. A. 波考克著,冯克利、傅乾译 108.00 元
99.《未完的对话》,[英]I. 伯林、[波]B. P. -塞古尔斯卡著,
杨德友译 65.00 元
100.《后殖民理性批判》,[印]G. C. 斯皮瓦克著,严蓓雯译 79.00 元

第十一批书目

101.《现代社会想象》,[加]C. 泰勒著,林曼红译 45.00 元
102.《柏拉图与亚里士多德》,[美]E. 沃格林著,刘曙辉译 78.00 元
103.《论个体主义》,[法]L. 迪蒙著,桂裕芳译 30.00 元
104.《根本恶》,[美]R. J. 伯恩斯坦著,王钦、朱康译 78.00 元
105.《这受难的国度》,[美]D. G. 福斯特著,孙宏哲、张聚国译 39.00 元
106.《公民的激情》,[美]S. 克劳斯著,谭安奎译 49.00 元
107.《美国生活中的同化》,[美]M. M. 戈登著,马戎译 58.00 元
108.《风景与权力》,[美]W. J. T. 米切尔著,杨丽、万信琼译 78.00 元
109.《第二人称观点》,[美]S. 达沃尔著,章晟译 69.00 元
110.《性的起源》,[英] F. 达伯霍瓦拉著,杨朗译 85.00 元

第十二批书目

111.《希腊民主的问题》，[法]J. 罗米伊著，高煜译　48.00 元
112.《论人权》，[英]J. 格里芬著，徐向东、刘明译　75.00 元
113.《柏拉图的伦理学》，[英]T. 埃尔文著，陈玮、刘玮译　118.00 元
114.《自由主义与荣誉》，[美]S. 克劳斯著，林垚译　62.00 元
115.《法国大革命的文化起源》，[法]R. 夏蒂埃著，洪庆明译　38.00 元
116.《对知识的恐惧》，[美]P. 博格西昂著，刘鹏博译　38.00 元
117.《修辞术的诞生》，[英]R. 沃迪著，何博超译　48.00 元
118.《历史表现中的真理、意义和指称》，[荷]F. 安克斯密特著，周建漳译　58.00 元
119.《天下时代》，[美]E. 沃格林著，叶颖译　78.00 元
120.《求索秩序》，[美]E. 沃格林著，徐志跃译　48.00 元

第十三批书目

121.《美德伦理学》，[新西兰]R. 赫斯特豪斯著，李义天译　68.00 元
122.《同情的启蒙》，[美]M. 弗雷泽著，胡靖译　48.00 元
123.《图绘暹罗》，[美]T. 威尼差恭著，袁剑译　58.00 元
124.《道德的演化》，[新西兰]R. 乔伊斯著，刘鹏博、黄素珍译　65.00 元
125.《大屠杀与集体记忆》，[美]P. 诺维克著，王志华译　78.00 元
126.《帝国之眼》，[美]M. L. 普拉特著，方杰、方宸译　68.00 元
127.《帝国之河》，[美]D. 沃斯特著，侯深译　76.00 元
128.《从道德到美德》，[美]M. 斯洛特著，周亮译　58.00 元
129.《源自动机的道德》，[美]M. 斯洛特著，韩辰锴译　58.00 元
130.《理解海德格尔：范式的转变》，[美]T. 希恩著，邓定译　89.00 元

第十四批书目

131.《城邦与灵魂:费拉里〈理想国〉论集》,[美]G. R. F. 费拉里著,刘玮编译 58.00 元

132.《人民主权与德国宪法危机》,[美]P. C. 考威尔著,曹晗蓉、虞维华译 58.00 元

133.《16 和 17 世纪英格兰大众信仰研究》,[英]K. 托马斯著,芮传明、梅剑华译 168.00 元

134.《民族认同》,[英]A. D. 史密斯著,王娟译 55.00 元

135.《世俗主义之乐:我们当下如何生活》,[英]G. 莱文编,赵元译 58.00 元

136.《国王或人民》,[美]R. 本迪克斯著,褚平译(即出)

137.《自由意志、能动性与生命的意义》,[美] D. 佩里布姆著,张可译 68.00 元

138.《自由与多元论:以赛亚·伯林思想研究》,[英]G. 克劳德著,应奇等译 58.00 元

139.《暴力:思无所限》,[美]R. J. 伯恩斯坦著,李元来译 59.00 元

140.《中心与边缘:宏观社会学论集》,[美]E. 希尔斯著,甘会斌、余昕译 88.00 元

第十五批书目

141.《自足的世俗社会》,[美]P. 朱克曼著,杨靖译 58.00 元

142.《历史与记忆》,[英]G. 丘比特著,王晨凤译 59.00 元

143.《媒体、国家与民族》,[英]P. 施莱辛格著,林玮译 68.00 元

144.《道德错误论:历史、批判、辩护》,

[瑞典]J. 奥尔松著，周奕李译 58.00 元

145.《废墟上的未来：联合国教科文组织、世界遗产与和平之梦》，[澳]L. 梅斯克尔著，王丹阳、胡牧译 88.00 元

146.《为历史而战》，[法]L. 费弗尔著，高煜译 98.00 元

147.《语言动物：人类语言能力概览》，[加]C. 泰勒著，赵清丽译(即出)

148.《我们中的我：承认理论研究》，[德]A. 霍耐特著，张曦、孙逸凡译 62.00 元

149.《人文学科与公共生活》，[美]P. 布鲁克斯、H. 杰维特编，余婉卉译 52.00 元

150.《美国生活中的反智主义》，[美]R. 霍夫施塔特著，何博超译 68.00 元

第十六批书目

151.《关怀伦理与移情》，[美]M. 斯洛特著，韩玉胜译 48.00 元

152.《形象与象征》，[罗]M. 伊利亚德著，沈珂译 48.00 元

153.《艾希曼审判》，[美]D. 利普斯塔特著，刘颖洁译 49.00 元

154.《现代主义观念论：黑格尔式变奏》，[美]R. B. 皮平著，郭东辉译(即出)

155.《文化绝望的政治：日耳曼意识形态崛起研究》，[美]F. R. 斯特恩著，杨靖译 98.00 元

156.《作为文化现实的未来：全球现状论集》，[印]A. 阿帕杜拉伊著，周云水、马建福译(即出)

157.《一种思想及其时代：以赛亚·伯林政治思想的发展》，[美]J. L. 彻尼斯著，寿天艺、宋文佳译(即出)

158.《人类的领土性：理论与历史》，[美]R. B. 萨克著，袁剑译(即出)

159.《理想的暴政：多元社会中的正义》，[美]G.高斯著，范震亚译（即出）
160.《荒原：一部历史》，[美]V. D. 帕尔马著，梅雪芹译（即出）

有关“人文与社会译丛”及本社其他资讯，欢迎点击 www.yilin.com 浏览，对本丛书的意见和建议请反馈至新浪微博@译林人文社科。